Europa, deudas soberanas y financiarización

Alicia Girón y Marcia Solorza

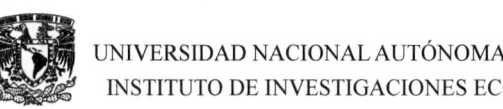

UNIVERSIDAD NACIONAL AUTÓNOMA DE MÉXICO
INSTITUTO DE INVESTIGACIONES ECONÓMICAS

Esta investigación, arbitrada por pares académicos,
se privilegia con el aval de la institución editora.

Girón, Alicia.
    Europa: deudas soberanas y financiarización / Alicia Girón y Marcia Solorza.
    – Primera edición. – México: UNAM, Instituto de Investigaciones Económi-
cas, 2013.
    171 páginas; 21 cm.

    Incluye bibliografías
    ISBN: 978-1483983929

    1. Crisis financieras – Europa. 2. Europa – Política económica. 3. Política mo-
netaria – Europa. 4. Crisis financiera mundial, 2008-2009. I. Solorza, Marcia.
II. Universidad Nacional Autónoma de México. Instituto de Investigaciones
Económicas. III. título.

330.94056-scdd21   Biblioteca Nacional de México

Primera edición, 6 de enero de 2013

D.R. © Universidad Nacional Autónoma de México
    Ciudad Universitaria, Coyoacán,
    04510, México, D.F.

    Instituto de Investigaciones Económicas
    Circuito Mario de la Cueva s/n
    Ciudad de la Investigación en Humanidades
    04510, México, D.F.

ISBN: 978-1483983929

Diseño de portada: Ana Laura García Domínguez
Cuidado de la edición: Hélida De Sales Y.

Impreso y hecho en México/*Printed in Mexico*

ÍNDICE

INTRODUCCIÓN

El presente libro *Europa, deudas soberanas y financiarización* pone en la mesa del debate un tema prioritario: el pago de las deudas soberanas y el proceso de financiarización en el contexto del origen de la crisis financiera en Europa. No es sólo descubrir las causas del comienzo y expansión de la destrucción de activos financieros sino también de instituciones democráticas, más allá de una necesidad por retomar medidas urgentes para evitar nuevamente una recesión mundial, la estanflación de las economías de la periferia de la Unión Monetaria Europea (UME) y un proceso deflacionario internacional.

El nacimiento de la moneda común transformó la modalidad del financiamiento del desarrollo por medio de los bancos a una forma mucho más moderna acorde con los nuevos inversionistas institucionales: la financiarización[1] y titulización de las deudas soberanas, innovación a la postre generadora de mayor especulación e incertidumbre en el sistema monetario internacional al

---

[1] Es un término ampliamente utilizado por la heterodoxia para caracterizar la fase actual del desarrollo capitalista. En los años noventa del siglo XX adquirió relevancia y es considerada una de las pocas ideas innovadoras de la economía política radical en años recientes por ser capaz de relacionar las características poco comunes de la crisis al crecimiento secular de las finanzas, y por tanto proveer de una comprensión de la transformación estructural de las economías capitalistas con sus respectivas implicaciones sociales. De acuerdo con Epstein [2005: 3], la financiarización se refiere a la creciente importancia de los mercados financieros, motivos financieros, instituciones financieras y elites financieras en la operación de las economías y sus instituciones gobernantes, tanto en el ámbito nacional como internacional.

integrar las hojas de balance de la banca tanto en la UME como en el plano internacional.

El proceso de financiarización se ha expresado en el protagonismo de los mercados financieros y el control sobre los gobiernos europeos. Calificadoras y los inversionistas institucionales son los actores fundamentales de la financiarización. Pero es también un país, escrupuloso de los principios financieros, quien ha conllevado la profundización de la crisis. Alemania y Francia junto con los acreedores primordiales mediante los fondos de pensiones y los *hedge funds,* fieles servidores de la especulación, agravan la salida de la crisis. Las operaciones fuera de balance, la especulación en el sector inmobiliario y la titulización de los activos están llevando al debate la necesidad de aplicar una nueva regulación en el sector financiero, el control de los agentes especulativos y una política fiscal para la Unión Europea (UE).

El panorama económico y financiero al cierre de este libro se podría resumir en los siguientes puntos: a) un rescate billonario de la banca a nivel mundial desde el inicio de una crisis mucho más profunda que la crisis de 1929; b) los planes de austeridad impuestos a los países para responder a los intereses de los intermediarios financieros, actores principales de los mercados financieros; c) inestabilidad económica y financiera en Grecia ante la imposibilidad de enfrentar los pagos por parte del gobierno griego frente a sus acreedores; c) la quiebra masiva en España de las Cajas de Ahorro, intermediarias financieras recientemente fusionadas y constituidas en bancos; d) las múltiples reuniones de sabios entre el Banco Central Europeo (BCE), el Fondo Monetario Internacional (FMI) y la Comisión Europea (CE); y, por último, los acuerdos de política fiscal para reordenar un sistema bancario único, sin dejar las políticas contraccionistas, acompañados de nuevos recortes al gasto público y al empleo.

Ante las continuas manifestaciones de repudio por parte de la población europea a la imposición de las políticas de austeridad y la disminución del empleo desde el inicio de la crisis, se han dado diversos cambios democráticos. No por ello, los cambios de gobierno han incidido en políticas de crecimiento sustentadas en la creación del empleo. La resolución del G20 en Los Cabos (2012) firmó el pacto para el crecimiento y en las últimas reuniones de la CE, después del cambio del gobierno francés, se respira un nuevo aliento.

La hipótesis de este trabajo es que la crisis de Europa en estos momentos corresponde al razonamiento de una teoría económica sustentada en la pérdida de la soberanía monetaria de los países europeos, lógica fundada en percibir la moneda como una variable exógena, por tanto la moneda europea, el euro, se rige bajo la batuta de un banco central cuya finalidad es el control de la inflación, en tanto compensar los desequilibrios comerciales sólo requiere de mayor austeridad.

Así, los objetivos que nutren nuestra investigación están cimentados en analizar cómo al traspasar las leyes económicas de una economía monetaria, el desarrollo de las economías que respaldan el mercado de la unión monetaria ha sido definido por las deudas contraídas en los mercados financieros internacionales. Éstas son las razones por las que justo a partir de las primeras manifestaciones de la expansión de las deudas soberanas de países como Portugal, Italia, Irlanda, Grecia y España (PIIGS, por sus siglas en inglés), dichos países cayeron en la trampa provocada por los mercados financieros.

Las deudas soberanas y sus tasas de interés fueron discriminadas por las agencias calificadoras, y los inversionistas institucionales europeos, los fondos soberanos y los fondos de pensiones, entre otros, cuyo nivel de endeudamiento fue determinado en el Tratado de Maastricht mediante reglas precisas a los países de reciente ingreso a la unión monetaria, sentaron las bases de la crisis monetaria. Crisis profundizada por la caída de Lehman Brothers, que expandió la fragilidad de los bancos europeos y los circuitos monetarios del crédito internacional que hoy en día es el dinero de carácter internacional [Toporowski, 2012].

El curso de la crisis atrapó a los países de menor desarrollo económico en Europa, los países del mediterráneo, pues con la finalidad de acelerar su crecimiento para tratar de alcanzar los niveles de avance económico logrados por Alemania y Francia aceptaron flujos masivos de capital, y posteriormente, en el proceso de la crisis, se vieron en la imposibilidad de pagar sus deudas contraídas con prestatarios europeos y extranjeros.

Estos países con grandes problemas de liquidez, los PIIGS, para enfrentar sus deudas se vieron atrapados en una camisa de fuerza impuesta por el Banco Central Europeo (BCE), el FMI y la Comisión Europea. Así, la *troika* los obligó a reducir el gasto público, disminuir las garantías del Estado con beneficio social y enfrentar el déficit público, además de enfrentar el pago de los créditos contratados en los mercados financieros.

No es una casualidad que durante el último año previo a la renegociación de la deuda soberana griega (2012) se haya dado el cambio de gobierno en países como Portugal, España e Italia. Las manifestaciones sociales no se hicieron esperar y los nuevos representantes elegidos democráticamente respondieron con mayor fuerza al obedecer la dinámica política de los inversionistas institucionales, es decir, los mercados financieros.

La renegociación de la deuda soberana de Grecia no es motivo de gloria para los griegos ni ejemplo para España, Portugal o Italia, esto corresponde a una situación de triunfo de los acreedores principalmente de Alemania y Francia, quienes si acaso perdieron con la quita de capital, ganaron ante la promesa de pago, la imposición de las privatizaciones y la disciplina fiscal.

Se podría afirmar que la moneda europea atrapada por la crisis de la titulización y la financiarización ha pasado una gran prueba. La dinámica de la integración monetaria y financiera de la UME puesta en marcha durante los años noventa del siglo pasado y primeros años del presente, ha sido un proceso que ha llevado a la zona euro a ser acosada por dos crisis interrelacionadas, la crisis de deuda soberana y la crisis bancaria.

Las bases del acuerdo de Maastricht impusieron la pérdida de soberanía monetaria y de una política fiscal a países que tenían diferentes niveles de internacionalización de su producción en el comercio internacional. Estas condiciones nos llevan a preguntarnos si la Unión Europea, Japón, China, Estados Unidos y el G20 deben participar más activamente en la búsqueda de solución a esta crisis que amenaza con convertirse en una problemática económica de muy largo plazo. En este sentido, es pertinente recuperar la solución pronta que dio Estados Unidos a la deuda soberana de México en 1982.

Quizá Grecia, España y el resto de los países con problemas de deuda soberana van a enfrentar en los próximos meses quitas al nivel de endeudamiento, renegociaciones más favorables, pero al mismo tiempo se recrudecerán las imposiciones restrictivas. El gasto público y el gasto social se irán borrando. El Estado social y el "pleno empleo" pasan a desdibujarse del entorno estructural para garantizar que los países soberanos paguen su deuda con los inversionistas institucionales bancarios y no bancarios. Por ello, días después del rescate por parte de los bancos griegos, se presentó una corrida alcista en las bolsas internacionales. Sin embargo, al cierre de este trabajo, España, que había aprobado en su parlamento un paquete de austeridad de acuerdo con los lineamientos de la *troika* (Unión Monetaria Europea, el BCE y el FMI), afrontó en pocas semanas la necesidad de ser rescatada como país. Valencia, Murcia y Catalunya, regiones autónomas españolas, se declaraban en insolvencia.

La disyuntiva hoy presentada pone a debate la función del Banco Central Europeo, creado para salvar bancos y no países, según las declaraciones de su propio presidente ante los hechos de quiebras del sistema financiero español.

La pregunta es cuándo va a terminar la crisis del euro y con ello la crisis económica y financiera más profunda desde el *crack* del 29, o estamos por presenciar el tránsito hacia un largo camino de deflación de activos financieros en el curso de los próximos años. Otra interrogante es si el financiamiento ha dejado de ser especulativo para instalarse como un financiamiento ponzi o si este último tipo se ha borrado con la crisis. Por tanto, *can it happen again?*, preguntaría Minsky.

Desarrollar esta investigación nos ha planteado diversas interrogantes, nuestro objetivo es responderlas en los cuatro capítulos elaborados. En el primer capítulo se analizó desde una perspectiva teórica heterodoxa del dinero, la transformación del sistema monetario internacional, la liberalización y desregulación financiera, procesos que a su vez generaron una exuberancia crediticia impulsora del crecimiento de los mercados de valores y la participación de nuevos actores financieros. En este contexto se inscribe el florecimiento y consolidación de la integración monetaria y financiera de la eurozona por medio de los Tratados de Maastricht, Lisboa y Niza, Reporte Lamfalussy. Se podría afirmar: la metamorfosis del sistema institucional cimentado en criterios económicos monetaristas propuestos por Robert Mundell en los años sesenta, complementados por otros teóricos como McKinnon en los años setenta y Hayek en los años ochenta y noventa del siglo pasado.

El capítulo dos se dedicó a dar seguimiento puntual al problema de endeudamiento soberano de los países que integran los PIIGS, se analiza cada caso por separado porque, aun cuando conforman la periferia de la eurozona, las particularidades están por encima de los aspectos comunes que justamente son su resultado. Por esta razón, después de presentar la problemática macroeconómica y la fragilidad económica ocasionada por la crisis, y el origen de los créditos proporcionados a los PIIGS, se expresa lo inadecuado de aplicar por igual el mismo modelo de programas de ajuste por parte de la UME, el BCE y el FMI –troika– en todos los países endeudados.

La crisis bancaria de los PIIGS, ocasionada por la financiarización de la economía, el *boom* en los mercados hipotecarios de España e Irlanda, y el consiguiente endeudamiento de las familias, se expone en el capítulo tres. Quizá lo más importante es llevar de la mano al lector por el camino de cómo algunos bancos europeos partícipes en la emisión y negociación de títulos actuaron con opacidad y así generaron desconfianza, pérdidas, y rebajas en las evaluaciones de las agencias calificadoras. Se enfatiza el proceso de combinaciones bancarias transfronterizas en la UME, mismas que han consolidado la integración bancaria y financiera en la región.

El último capítulo está dedicado al estudio del endeudamiento público que eliminó las posibilidades de crecimiento durante toda una década (años ochenta del siglo XX) en América Latina. Se analizan las políticas de renegociación y programas de ajuste implementados siguiendo las normas establecidas por el FMI, y sus desastrosas consecuencias económicas y sociales. Tras las estrategias del Plan Baker y el Plan Brady la disminución de intereses, quitas al capital y la obtención de recursos vía la negociación de títulos en el mercado internacional de capitales, se dio un giro estratégico al problema del endeudamiento público externo sin reducir el impacto socioeconómico desfavorable para la población; por el contrario, se agravó en los años posteriores con el cambio estructural de modelo económico y las directrices del Consenso de Washington.

Este compendio de la crisis de deuda pública externa latinoamericana de los años ochenta es la base para las conclusiones generales, donde se reflexiona acerca de lo limitadas que resultaron las medidas adoptadas en América Latina.

Para Europa, dicha experiencia para resolver la crisis producto de la financiarización de sus economías exige no repetir los errores cometidos por los gobiernos latinoamericanos de socializar en forma tan abrupta el servicio de la deuda externa, sino lograr una reducción significativa del principal y los intereses.

Este libro es resultado del Proyecto "Deuda, circuitos financieros y deflación" financiado por la Dirección de Asuntos Académicos (DGAPA), el Instituto de Investigaciones Económicas (IIEc) y la Facultad de Economía de la Universidad Nacional Autónoma de México (UNAM). Agradecemos a Francisco González Munive, becario del Consejo Nacional de Ciencia y Tecnología y alumno de la maestría en Economía de la Facultad de Economía, por su invaluable ayuda en la búsqueda de información, el desarrollo del trabajo estadístico y en el proceso del presente libro.

Epstein, Gerald A. [2005], *Financialization and the World Economy*, Cheltenham U.K., Edward Elgar.
Toporowski, Jan [2012], "International credit, financial integration, and the euro", working paper.

TRATADO DE MAASTRICHT
Y ORIGEN DE LA CRISIS

A partir del rompimiento de los Acuerdos de Bretton Woods y el alejamiento de los principios del financiamiento al desarrollo, se suscitaron grandes transformaciones en los circuitos financieros donde el crédito desempeñó un papel central y creó las bases de la inestabilidad monetaria internacional a partir de los años setenta del siglo pasado. Éstas fueron las condiciones que generaron debilidad en los sistemas financieros internacionales y nacionales, ocasionaron la pérdida de soberanía de los bancos centrales, y en años recientes han desatado una crisis financiera de carácter mundial.

El objetivo de este capítulo es encontrar, desde una perspectiva teórica heterodoxa, las causas de la gran crisis y su profundización en los circuitos financieros de la UME a partir de la financiarización de sus economías y la pérdida de soberanía monetaria de los países que conforman la zona euro.

TRATADO DE MAASTRICHT[1] Y EL PAPEL
DEL BANCO CENTRAL

El Acta Única Europea, suscrita en 1986, representó un paso importante en la puesta en común de elementos de soberanía com-

[1] Tratado de la Unión Europea (TUE) o Tratado de la Unión, es el sustrato político principal de toda la Unión. Firmado en 1992 en la ciudad holandesa de Maastricht.

partida, pero no sería sino en el Tratado de Maastricht donde los criterios de convergencia nominal y de sesgo marcadamente monetaristas serían recogidos bajo criterios macroeconómicos de selección en un entramado institucional necesario para alcanzar la integración económica europea [Nieto Solís, 2001: 102-108].

Hasta ahora, tras la reforma de los tratados fundacionales, los otros dos pilares: política exterior y de seguridad comunes y cooperación en asuntos judiciales y de política interior, no se han consolidado; por tanto, la Unión Europea ni es una organización internacional, ni es un Estado federal, pero sí está dotada de poderes reales derivados de una atribución de competencias por los Estados miembros, lo cual supone una fuerte limitación al ejercicio de la soberanía tradicional de cada uno de ellos.

Adicionalmente, el Tratado de Maastricht (Tratado de la Unión Europea) amplió el abanico de competencias atribuidas a la Comunidad Europea (CE) y reforzó el sistema institucional supranacional integrado por: la Comisión, el Consejo, el Parlamento y el Tribunal de Justicia, al agregar el Tribunal de Cuentas (sus poderes de control fueron ampliados con el Tratado de Niza 2002) con el propósito de hacer cumplir los principios de transparencia y control del gasto público.

A partir de la entrada en vigor del Tratado de Maastricht se consolidó la integración europea en su vertiente económica y monetaria al construir la Unión Económica y Monetaria (UEM), facultar a la Comunidad Europea (tras recibir autorización del Consejo) para negociar acuerdos y tratados internacionales en materia comercial, cooperación al desarrollo y en política de tipo de cambio, y extender las competencias del Tribunal de Justicia al control de las materias e instituciones propias de la Unión Monetaria. De este modo, el Tribunal controla: a) la legalidad de los reglamentos que apruebe el Banco Central Europeo (BCE), que a su vez puede actuar contra un banco central nacional que incumpla alguna de las obligaciones que deriven del Tratado (art.237.d) [Roca Zamora, 2008: 96-99], y b) las modificaciones del Reglamento Financiero.

De acuerdo con su contenido, el Tratado de Maastricht y el papel del Banco Central Europeo son ejemplo de cuando la teoría económica se hace realidad. Mundell, uno de los teóricos inspiradores de las medidas económicas aplicadas en la Comunidad Europea, enfatiza que una moneda única implica un banco central [Mundell, 1961: 658], por tanto, a diferencia de lo que significó la creación de la Reserva Federal y el papel del dólar en Estados Unidos tanto en el ámbito nacional como en el mundial, la teoría de Mundell (complementada por McKinnon)[2] ha propiciado para el caso europeo circunstancias que han sentado las bases de

---

[2] Mundell [1961: 662] establece que para evitar crisis cambiarias, el mundo debería dividirse en áreas monetarias óptimas bajo criterios de movilidad factorial, pero que el mayor obstáculo es de orden político debido al símbolo de identidad y soberanía de las diferentes monedas nacionales. Señala que decidirse por una moneda común implica comparar los altos costos relacionados con la existencia de monedas nacionales y los beneficios que las áreas monetarias óptimas traen consigo, pues entre más monedas nacionales existan mayores serán los costos de conversión y menor la eficiencia con la que el dinero cumple sus funciones. Por tanto Mundell, aunque favorece el régimen de tipo de cambio flexible, se inclina por recomendarlo sólo para regiones cuya movilidad factorial es pobre.

En esta misma dirección, McKinnon [1963: 717-719] puntualiza que en el área monetaria óptima existen tres objetivos a alcanzar por medio de las políticas monetaria, fiscal y cambiaria: a) pleno empleo, b) equilibrio externo, y c) estabilidad de precios. Uno de los factores decisivos para el buen funcionamiento del área monetaria óptima es el nivel de comercio entre los países y la relación entre bienes comerciables y no comerciables. Si los bienes comerciables superan en importancia a los no comerciables el tipo de cambio fijo será preferible al tipo de cambio flexible, pues una devaluación de la moneda para corregir un déficit en cuenta corriente repercutirá en un aumento de los precios, lo que obliga a contrarrestarlo con políticas fiscales y monetarias restrictivas. Esto significaría incurrir en un proceso recesivo de altos costos sociales. Por el contrario, bajo un tipo de cambio fijo o área monetaria óptima el gobierno deberá reducir su gasto para corregir el desequilibrio externo liberando bienes que antes se consumían en el mercado interno para ahora exportarlos y de esa forma reducir el déficit comercial.

Así, entre mayor sea el flujo de comercio y la movilidad factorial entre dos regiones, menos eficiente será el tipo de cambio flexible y más adecuada será una moneda única para alcanzar el objetivo de pleno empleo y equilibrio externo. El área monetaria óptima hará que los flujos de capital entre los integrantes de la región sean más estables, y la movilidad factorial no sólo será importante entre fronteras sino también entre industrias. Esta movilidad entre industrias podría reemplazar a la movilidad factorial y contrarrestar choques externos mediante el establecimiento de industrias en las regiones que enfrentan déficit externo y desempleo.

la fragilidad financiera[3] no sólo en la construcción de la zona monetaria del euro, sino en los países que perdieron su soberanía monetaria.

En esta misma dirección Hayek, otro teórico influyente en el manejo de los modernos sistemas monetarios y financieros, refiere que en cualquier economía donde el crédito se emplee como sustituto del dinero –y difícil es impedirlo actualmente– la oferta de tales sustitutos monetarios tiende a ser nocivamente elástica y la única manera de evitarlo es otorgar a una institución la capacidad para actuar sobre la cuantía de los medios de pago generalmente aceptados.

Tal función, para evitar pánicos periódicos, debe asignarse a un banco central,[4] institución que disfrute en su política financiera de la máxima independencia posible respecto al poder público, pero para que la política monetaria pueda independizarse de las necesidades fiscales los gastos públicos deben ser de escasa cuantía y la deuda pública –sobre todo la de corto plazo– debe absorber un porcentaje reducido del mercado crediticio [Hayek, 2008: 429-433]. De acuerdo con estas consideraciones, el euro como moneda única de la UEM depende del BCE desde el inicio de su creación.

Por tanto, el "fruto de una idea impulsada por Francia y la República Federal Alemana, por resolución del Consejo Europeo el 5 de diciembre de 1978 fue crear el Sistema Monetario

---

[3] De acuerdo con Minsky [1992], en las etapas de estabilidad en las economías capitalistas se generan comportamientos de excesiva confianza que conducen a tomar decisiones de alto riesgo, por ello un cambio en la preferencia por la liquidez conduce a los bancos a contraer el crédito, con la consecuente fragilidad financiera [Kregel, 1997], y en la medida en que la demanda agregada se reduzca y con ella el nivel de empleo, la fragilidad financiera se convierte en inestabilidad financiera, es decir la propia estabilidad crea fragilidad [Toporowski, 2005: 152; Wray, 2007, 2008]. La fragilidad financiera se debe a la disminución de los márgenes de seguridad en el periodo de estabilidad.

[4] Según Hayek [1986(1976): 11-14], lo ideal sería que el dinero se desnacionalizara y la emisión monetaria dejara de ser un monopolio del Estado porque "la empresa privada, si no se lo hubiera impedido el Estado, habría ofrecido al público diversas monedas y aquellas que hubieran prevalecido en la competencia habrían sido esencialmente estables en cuanto a su valor, impidiendo tanto el excesivo estímulo a la inversión como los consecuentes periodos de contracción".

Europeo (SME) que entró en funciones el 13 de marzo de 1979" [Chapoy, 1993: 40]. Posteriormente, el Informe Delors, la UEM, el Instituto Monetario Europeo (antecedente del BCE) y el Sistema Europeo de Bancos Centrales fueron conformando el Tratado de Maastricht (1991).

El inicio de los años noventa es significativo porque a partir del liderazgo de Alemania y Francia, sin la inclusión de Inglaterra, se conformó una zona monetaria con rigurosidad fiscal y monetaria para enfrentar, como estrategia económica y política, la influencia del yen en el área monetaria de Asia y la influencia del dólar en el resto del mundo.

Una vez firmado el Tratado de Maastricht, uno de los puntos más sobresalientes de la resolución es la justificación en torno a la responsabilidad de los países para obtener financiamiento mediante una política fiscal eficiente y la negativa del BCE a financiar los déficit presupuestarios de los países que conforman la Unión Monetaria.

Desde la conformación del marco institucional del Instituto Monetario Europeo, bajo la influencia de Mundell, se sentaron las bases de una "camisa de fuerza" para los países de menor desarrollo económico, anuncio de la fragilidad financiera de la moneda europea y de la pérdida del control de la política monetaria al interior del espacio monetario de esos países. En primer lugar, como se esbozó líneas arriba, la soberanía monetaria de los bancos centrales de los países miembros pasó a depender de un órgano central llamado Banco Central Europeo. En segundo, el BCE es independiente del poder político de los Estados miembros de la unión monetaria. Tercero, las necesidades de financiamiento de los déficit públicos se deberán cubrir por medio de los inversionistas privados. Cuarto, solamente los bancos comerciales serán financiados por los bancos centrales. Quinto, queda prohibida la financiación de las empresas y la administración pública por el BCE [Guillén, 2011: 115].

A partir de ese momento se plantea la pérdida de soberanía monetaria de los países integrantes de la unión monetaria. Por tanto, la zona del euro acepta un banco central que regirá indistintamente la política monetaria de los países de la zona monetaria, pero no por ello financiaría los déficit públicos. A partir de las modificaciones establecidas en el Tratado de Maastricht los países recurrirán a los mercados financieros, las deudas públicas de los países dependerán de las decisiones de las agencias calificadoras y el financiamiento será para lograr los estándares del crecimiento necesario entre países de economías asimétricas. De esta forma, la soberanía monetaria la pierden los países al adoptar el euro, moneda en principio denominada ECU.[5]

Desde la entrada en vigor del Tratado de Maastricht los inversionistas, para otorgar financiamiento a los países, han participado en satisfacer la demanda del financiamiento de los bancos, las empresas y la administración pública de los Estados miembros que conforman la zona monetaria. Éstos son los fondos mutuales,[6] los fondos de pensiones y los *hedge funds* (fondos de alto riesgo).

Además, en ese entorno de los años noventa del siglo XX, el Consenso de Washington y las reformas económicas y financieras junto con el proceso de desregulación y liberalización financiera tenían como objetivo evitar las profundas crisis de los países subdesarrollados y fortalecer a las zonas monetarias en un ambiente tripartita entre las grandes potencias.

---

[5] A partir del 1 de enero de 1999 entró en funciones y en curso legal la moneda nominada como euro en sustitución del ECU (con el código EUR y el símbolo €) con un valor de €1 = 1 ECU. No todos los países de Europa participaron en el inicio de la zona monetaria del euro porque los miembros tenían que cumplir previamente con indicadores económicos que homologaran el crecimiento y el desarrollo económico de sus nuevos pares.

[6] Los fondos mutuales se clasifican en fondos globales o fondos especializados. Los fondos globales se invierten en todo el mundo e incluyen fondos extranjeros y pueden ser invertidos en cualquier tipo de activo (renta fija, renta variable, divisas y derivados), dependiendo del criterio de los gestores y de sus expectativas en cada mercado financiero. Normalmente se caracterizan por no tener una estructura de cartera predeterminada, eligiendo los mercados en función de las expectativas financieras analizadas en cada momento, esta flexibilidad de gestión les permite aprovechar tendencias en cualquier tipo de activo.

Adicionalmente, los inversionistas de estos fondos tratan de diversificar una parte de su inversión en un producto con una gestión flexible y activa y objetivos de rentabilidad superiores al mercado a mediano y largo plazos, asumiendo niveles elevados de riesgo de mercado.

Los fondos especializados incluyen fondos de los mercados emergentes, fondos regionales y fondos de países.

Uno de los puntos que debemos destacar para poder entender, en este caso, la crisis financiera en la zona del euro, es el respeto al Pacto de Estabilidad y Crecimiento que perenniza y refuerza los criterios del Tratado de Maastricht[7] relativos a las finanzas públicas, las medidas de convergencia implementadas a partir del primero de enero de 1999 y los cinco criterios de convergencia adoptados:[8] 1) las tasas de inflación de los países candidatos no debían superar en 1.5% a las de los tres países con menor inflación; 2) el déficit presupuestal no debería superar 3% del PIB; 3) la deuda pública bruta de los Estados no debería exceder 60% del PIB; 4) el margen de fluctuación estrecha de los tipos de cambio dentro del sistema monetario europeo debería ser respetado durante al menos dos años sin devaluación ni tensión; 5) las tasas de interés a largo plazo no deberían exceder en más de 2% el promedio de los tres Estados que hayan tenido los mejores resultados en materia de estabilidad de precios [Guillén, 2011: 115]. Esto implica que el BCE debe fijar permanentemente su tasa de interés base a una altura suficientemente

[7] Entre 1999 y hasta 2002 hubo un periodo de introducción progresiva de nuevos billetes y piezas para que el público se acostumbrara a utilizar al euro en todas las transacciones monetarias.

[8] En cierta forma las medidas de convergencia impuestas a los países de la zona euro por el Tratado de Maastricht son similares a las propuestas que John B. Taylor presentó a la Reserva Federal en 1993, la conocida como la Regla de Taylor: regla de política que ayudaría a estabilizar la producción real alrededor de una meta y a controlar la inflación.

Esta regla de política se apoya en una tasa de interés nominal que, cuando el PIB real y la tasa de inflación exceden su objetivo, se incrementa para generar un aumento de la tasa de interés real y así reducir la demanda agregada. Al revés, si la inflación y el PIB real caen por debajo del objetivo, recomienda recortar la tasa de interés nominal para aumentar la demanda agregada por la vía de un aumento de la tasa de interés real.

Así, según Taylor, la tasa de interés nominal de corto plazo debería ser una función creciente de la tasa de inflación y de la producción real para objetivos dados en ambas variables [Taylor, 1993: 195-214]. La idea de la regla Taylor es que los bancos centrales siguiendo una regla sencilla puedan dar mayor estabilidad a las expectativas de inflación y además evitar las ineficiencias derivadas de las llamadas inconsistencias temporales, con frecuencia el resultado de una política monetaria discrecional.

elevada para ajustar la demanda agregada a un nivel compatible con el equilibrio general.[9]

La especificidad de la crisis europea tiene en su origen, a diferencia de la crisis en Estados Unidos, "un conjunto de decisiones de políticas que sacudieron a la economía real. Las políticas de naturaleza depredadora desestabilizaron a la economía real y ésta dañó la estructura financiera que la sostenía, lo que explica cómo se llegó a un capitalismo de finanzas autónomas que violó la ley del valor" [Parguez, 2010].

A partir de la famosa Mitterrand Conversión de 1983 [Bliek y Parguez, 2008],

> se generó una política de terapia de *shock* permanente enfocada en disminuir el gasto público y aumentar los impuestos a la clase media. El único objetivo era el déficit público cero, y generar pronto un superávit para pagar la deuda pública. En virtud de leyes macroeconómicas, ningún Estado pudo conseguir ese sueño debido a su impacto negativo en la economía real de acelerar la deflación. Esos déficit no tuvieron un impacto positivo, sino (posiblemente) uno negativo en el sector privado porque se afectaron los flujos de ganancia a causa de expectativas negativas y

---

[9] En esta perspectiva wickselliana, en el largo plazo el crecimiento económico está determinado por factores de oferta: productividad del trabajo, crecimiento demográfico, acumulación de capital dependiente del ahorro. Por tanto la economía sólo se alejaría del sendero natural de crecimiento si se da una estabilidad absoluta de precios debido a las variaciones de la demanda global.

La demanda global variaría en función de choques provocados por una baja de ahorro o por una política presupuestal expansionista. La misión del Banco Central consiste entonces en neutralizar la demanda restringiéndola para forzar la convergencia de la economía al sendero de equilibrio natural. La idea es que a corto plazo los choques de demanda provocados por un alza de salarios o un déficit presupuestal perturbarían la economía en tanto a largo plazo sólo los factores de oferta o estructurales como la población, la productividad o el ahorro contarían.

Esta teoría según la cual el corto plazo es determinado por la demanda y el largo por la oferta, no tiene ningún fundamento sólido. La evidencia empírica ha demostrado que las mismas variables actúan tanto en el corto como en el largo plazo. Se trata de variables de demanda, la más importante es el consumo, que empujan la inversión y posteriormente el gasto público [Bliek y Parguez, 2008: 99].

en consecuencia causó una caída en el multiplicador del empleo en tanto las empresas apostaban a que habría una mayor deflación [Parguez, 2010: 219].

En un proceso acelerado de financiarización de la economía, se generó el colapso de la estructura de financiamiento y se profundizaron las políticas de deflación insertas a los circuitos monetarios y financieros como metas del Estado para allegarse fondos y pagar la deuda pública. Como señala Parguez, las condiciones de estabilidad fueron violadas, ello condujo a la ruptura del circuito monetario y al surgimiento de la crisis financiera al mostrarse que algunos deudores no pueden repagar a tiempo, o que hay una depreciación en el valor real de algunos activos que operan como colateral.

Esto es suficiente para que la pirámide de los precios de los activos se colapse y los precios puedan llegar a ser negativos, puedan caer por debajo de cero, lo cual equivale a decir que el sistema bancario como institución privada estaría muerto. Esto significaría que el valor de sus pasivos también habría colapsado, que muchos de los pasivos bancarios hubiesen perdido su naturaleza de dinero [Parguez, 2010: 216-223] y tendrían un impacto dramático en la economía real: la destrucción de todas sus "relaciones ancladoras".

En esto reside el "efecto mariposa" o verdadero comienzo de una nueva crisis mundial: en Europa se cruzan las políticas depredadoras del Estado y de la Unión Europea por medio del BCE y la voracidad de los bancos,[10] que conjuntamente con

---

[10] Parguez [2010] nos dice que la participación normal de los bancos es emitir dinero dotado de un valor real anclado en la cantidad de valor-trabajo creado. Tal condición de existencia impuso un conjunto de restricciones muy severas a los bancos, las cuales sólo pueden ser monitoreadas mediante un control permanente del Estado.

1. Cada banco únicamente puede conceder crédito para gastos generadores de riqueza real para las firmas y las familias. Así, la contraparte del dinero que aparece en pasivos está en activos dotados con un valor efectivo real. La contraparte de esos activos que es reclamada sobre los gastos de las firmas y las familias es el incremento en el valor real agregado o riqueza incorporada en la cantidad del valor trabajo (empleo o ingreso del empleo) en el sector privado. 2. Cada banco debe ajustar sus activos privados a la cantidad de activos

los mercados financieros hicieron suyo el predominio de las finanzas.

---

provista por el Estado por medio de su déficit acumulado. 3. Cada banco debe prever un incremento real en su riqueza real o capital reflejado en el exceso de valor de sus activos sobre el valor de sus pasivos. Es la prueba para la sociedad de que se ha sido exitoso en las expectativas sobre el futuro. Este superávit contable como ganancias tiene dos fuentes: superávit financiero por capital real resultado del crecimiento del valor real de los activos sostenido por el crecimiento del flujo permanente de ganancia y el ingreso neto por interés. Esto conduce al incremento sustentable en los stocks de los bancos y a la distribución de dividendos.

Igualmente señala cuales son las reglas bancarias para mantener la estabilidad del sistema bancario:

Regla 1. Asegura que los pasivos de cada banco son dinero real o verdadero dotado con el mismo valor real y aceptado como pago de transferencias de servicios por todos.

Regla 2. Asegura la liquidez perfecta y permanente de cada banco. Así, los bancos siempre tienen capacidad para retirar de sus depósitos en el Banco Central u otros bancos utilizando su alta liquidez. Es decir, uno puede determinar la proporción a largo plazo de los activos públicos y privados que aseguran la perfecta liquidez de los bancos.

Regla 3. Reúne las dos características de los bancos en una economía capitalista. Por un lado, los bancos proveen el gasto de los agentes con su monto requerido de "capital o capital financiero de trabajo", y por otro ellos deben reunir la condición de sobrevivencia en una economía capitalista en la que deben demostrar que su objetivo sobre las expectativas es exitoso. Esas tres reglas están entrelazadas y definen el papel normal de un banquero.

Las reglas 1 a 3 están unidas. El banquero nunca debe esforzarse por transferir a otros la decisión sobre el futuro para vender un bono a algún intermediario fuera de la creación de dinero. La creación de dinero no conduce a la creación de valor, en efecto significa carencia de valor, por tanto no es dinero real. Por consiguiente, las reglas 1 a 3 definen el papel normal del Estado, quien a través de su gasto neto refleja un crecimiento planeado de su inversión; por tanto, debe dotar a los bancos de suficiente liquidez y ganancias para lograr la estabilidad. Es fácil generalizar el papel normal de los bancos en una economía abierta. Se requieren dos nuevas reglas de estabilidad.

Regla 4. Un banco sólo debe prestar para gastos de los agentes dinero denominado en la moneda local. De otra manera es obligado a pedir prestado dinero extranjero a bancos extranjeros para gastar en otros países.

Regla 5. El Estado únicamente debe gastar en su propia moneda para estar libre de cualquier restricción. Es la condición de existencia del privilegio del crédito automático. Significa que el Estado no está obligado a cambiar su propia moneda contra moneda extranjera a un precio fijo. Los superávit acumulados por extranjeros en moneda interna, provengan de exportaciones netas o adquisiciones financieras pueden cambiarse siempre por su propia moneda (u otra) sin importar la cantidad y el precio. Esto explica por qué los tipos de cambio fijos no son sustentables y destruyen el papel de ancla desempeñado por el Estado.

CONCEPTOS BÁSICOS: RÉGIMEN DE ACUMULACIÓN FINANCIERA, MONEY MANAGER CAPITALIST Y FINANCIARIZACIÓN

Las grandes transformaciones originadas a partir del rompimiento de los Acuerdos de Bretton Woods conforman nuevos paradigmas. Son cambios estructurales en los circuitos financieros, en una economía monetaria integrada sobresale la relación intrínseca entre actores económicos fortalecidos por los cambios, el Banco Central y el Estado.

Nuevos actores en el panorama financiero del post Bretton Woods

A partir del rompimiento de los Acuerdos de Bretton Woods en 1971 la inestabilidad financiera se instaló como una constante en los mercados financieros en el ámbito internacional. En los países desarrollados como en los subdesarrollados las recurrentes crisis monetarias, bancarias y financieras fueron persistentes por más de cuatro décadas. Aglietta [2001, t. 2: 5] las define como las crisis de la globalización financiera. La internacionalización del capital se coronó al insertar a los mercados monetarios nacionales en un mercado financiero internacional y además se transformó en lo que vendría a ser la globalización financiera. La gran transformación en los circuitos financieros de la internacionalización y la globalización financiera expresada en el mercado mundial por medio de los inversionistas institucionales, modificaron el comportamiento del financiamiento al desarrollo y con ello los objetivos de las instituciones financieras y los sistemas bancarios nacionales.

El espacio financiero global se convirtió en un mercado único donde desde hace más de tres décadas los instrumentos financieros de alto riesgo operan en función de la rentabilidad otorgada por las tasas de interés imperantes en los mercados internacionales. La compra y venta de los contratos por servicios financieros crecieron exponencialmente durante un periodo muy corto. El crecimiento fue exponencial y la compra y venta de las operaciones financieras amplió el tiempo de su ejecución. El tiempo de las operaciones no está marcado por el día y la noche, sino por el horario de las operaciones en los mercados de valores; así, la transacción de las operaciones bursátiles en un mercado sin cortes de horario provocó una mayor profundización de la financiarización. Por otro lado, la función de los bancos centrales quedó supeditada a la transformación de los circuitos financieros para garantizar el margen de eficiencia del capital a los nuevos actores de la esfera financiera controladores de las tasas de interés y la tasa de inflación.

A partir de 1971, el dólar se desliga del oro, se rompen los Acuerdos de Bretton Woods, se transforma el sistema financiero internacional, y paulatinamente el crédito internacional se convierte en el dinero internacional. Nuevos actores económicos prevalecerán sobre las decisiones de los organismos financieros internacionales. Estos nuevos actores son los inversionistas institucionales y las agencias calificadoras, con la fuerte presencia del Estado y el Banco Central.

La participación del Estado interventor será necesaria para lograr desregular y liberalizar la economía; en tanto, los objetivos del Banco Central se expresarán en el establecimiento de metas inflacionarias y la desregulación y liberalización de los sistemas financieros nacionales regulando el orden financiero en función del capital financiero internacional. En este entorno las agencias calificadoras tienen una preeminencia por encima de los intereses nacionales, en función sólo de los inversionistas institucionales.[11] Por esta razón, la importancia de las agencias calificadoras ha sobrepasado a los organismos financieros internacionales como el Fondo Monetario Internacional (FMI) y el Banco Mundial (BM), organismos pilar de la regulación monetaria en el sistema monetario internacional de 1944 a 1971.

---

[11] Las agencias calificadoras tienen un papel clave en la restauración o no de la confianza inversora sobre un determinado activo de una empresa o de la deuda que emiten los países, su calificación refleja la calidad de ese activo o de la deuda pública y es un elemento importante para que las empresas y los países puedan emitir deuda tanto en el ámbito nacional como en el exterior.

Este mercado financiero liberalizado y desregulado, donde las agencias calificadoras tienen injerencia sobre los Estados nacionales y operan en tiempo infinito a partir de la innovación financiera, fue determinante en la recreación del desarrollo de la crisis actual y del sistema financiero paralelo [Girón, 2011] por ser el sitio en que los instrumentos financieros resultado de la innovación financiera permitieron hasta antes de la crisis financiera grandes ganancias. Estos instrumentos financieros cotizados por su alta rentabilidad recrearon la burbuja financiera de deuda en un periodo de exuberancia crediticia que permitió un crecimiento espectacular de los productos financieros.

Una de las características más importantes de la gran transformación en el sistema financiero internacional han sido los cambios en el "régimen de acumulación de capital" con la participación de un Estado minimalista. Importante es el señalamiento de Clevenot [2008] cuando cita el trabajo de Aglietta [1998] sobre la "democratización" de los mercados financieros al referirse a los inversionistas institucionales, dado que se "democratizaron las pensiones" de los trabajadores como un ejemplo de ejercicio democrático del Estado y los fondos de pensiones pasaron a ser administrados por los inversionistas institucionales, quienes lograron incrementar la rentabilidad por medio del mercado financiero.

El traspaso de los fondos de pensiones de manos del Estado al sistema financiero privado formó parte de la reforma financiera, en muchos países se enmarcó en la privatización financiera no sólo de la banca pública y los servicios públicos, sino también de instituciones como las aseguradoras internacionales, lo cual favoreció la opacidad, la falsedad del manejo de las ganancias de estos fondos y su participación en los *hedge funds* por medio de las operaciones fuera de balance.

Régimen de acumulación de capital

Chesnais y Plihon hacen hincapié en que "lejos de asegurar los derechos de los accionistas como ha intentado hacer creer la patraña del gobierno de la empresa (*corporate governance*), la liberalización y la desregulación, que muy pocos cuestionan todavía, han dado lugar a un nuevo tipo de poder de los *managers* que poseen acciones, ya que su posición en la empresa de la que poseen los títulos les convierte en 'iniciados' del juego financiero.[12] La liberalización financiera para estos actores económicos tiene un beneficio de maniobra muy grande prácticamente al margen de toda supervisión" [Chesnais y Plihon, 2003: 7] del Estado y del Banco Central.

La definición de "régimen de acumulación de capital" corresponde al capital ficticio[13] designado por la naturaleza económica de los títulos que resultan de los préstamos a Estados o empresas, o de la financiación (generalmente inicial) del capital de las empresas, de créditos nacidos del mismo crédito sin pasar por la esfera de la producción. Los títulos –obligaciones y acciones– causan derechos (es mejor decir: pretensiones) por participar en la división del beneficio de las empresas, del servicio de la deuda pública, o de los ingresos del Estado extraídos de los impuestos.

Un elemento importante es el papel del crédito bancario, éste es sin lugar a dudas la otra forma de creación del capital ficticio. Los bancos ponen a disposición de los "agentes económicos" sumas que están muy lejos o sobrepasan en exceso los depósitos efectuados [Chesnais, 1997]. El dinero *ex nihilo*[14] es

---

[12] En los años noventa del siglo XX fue común la práctica empresarial de dar *stock options* o derecho de comprar acciones de una empresa por debajo de sus precios de mercado a ejecutivos. Estas opciones de compra de acciones desempeñaron un papel importante en la extensión de otras formas de argucia financiera: los ejecutivos de las empresas se dirigieron cada vez menos a nuevos productos y servicios y cada vez más hacia nuevos medios de maximizar sus ganancias a expensas de los inversionistas [Stiglitz, 2004: 155-173].

[13] Capital ficticio es la fabricación de simples medios de circulación que transfieren propiedad de mano en mano sin importar qué parte corresponde a transacciones reales (compras y ventas) y qué parte es creación artificial (ficticia) consistente en títulos. En tiempos de Marx, letras de cambio de colusión [Marx, 1979: 512-513].

[14] En las economías monetarias capitalistas más modernas con protección a los derechos de propiedad, el dinero aparece cuando existe un conjunto de agentes, a los cuales llamamos "bancos" (incluyendo al Banco Central), cuyas deudas son aceptadas por todos los demás agentes en una economía como un medio de pago para saldar sus propios

proporcionado por los propios banqueros en una relación estrecha con los bancos centrales y el Estado, por tanto debe afirmarse que el dinero-crédito es importante para salvar en sentido estricto la continuidad del proceso de acumulación y por tanto de valorización. "Salvar la acumulación de capital es una función del prestamista, tarea que realiza situando el poder de compra creado *ad hoc* a disposición del empresario" [Schumpeter, 1978: 115].[15]

Los inversionistas institucionales violaron el sentido de la valorización del capital y el propio papel de la moneda y del dinero-crédito: un fraude global impune. Recuperar las propuestas de Schumpeter en torno al crédito es fundamental para entender la irrupción del proceso de acumulación. En *Teoría del desenvolvimiento económico: una investigación sobre ganancias, capital, crédito, interés y ciclo económico*, el autor menciona "el corazón del fenómeno del crédito en la siguiente forma: el crédito es esencialmente la

---

compromisos de deuda: se considera que los bancos tienen credibilidad de modo que ningún poseedor de sus deudas pedirá en alguna ocasión el reembolso, ya sea en especie o en la deuda de otro agente. Por consiguiente, las instituciones bancarias tienen la libre capacidad de emitir deuda sin estar sujetos a un límite exógeno. Esto significa que los bancos pueden crear estas deudas ex nihilo cuando conceden créditos a agentes no bancarios que deben gastarlos para adquirir recursos reales. El crédito bancario relaciona (vincula) los adelantos de préstamos de deuda bancaria recién creada a agentes económicos que no dependen de algún stock preexistente de deuda bancaria que en sí mismo sería el resultado de crédito bancario en que se había incurrido previamente en la economía.

Sin embargo, una vez que el crédito ha sido adelantado los agentes no bancarios se comprometen a pagar los préstamos en fecha futura mediante la recolección de la cantidad de deuda bancaria requerida con sus recepciones de efectivo proveniente ya sea de la venta de nuevas mercancías producidas o de la venta de títulos sobre la riqueza existente. Cuando los prestatarios iniciales reembolsan sus deudas se da una instantánea cancelación de ambas deudas, de la deuda individual de los agentes hacia los bancos y las deudas que éstos últimos habían emitido sobre sí mismos para financiar los préstamos.

En la (TCM), estos préstamos convencionales son lo que se considera dinero crédito. Este dinero es endógenamente creado ex nihilo cuando los bancos conceden crédito y es extinguido o cancelado cuando el crédito pendiente es reembolsado [Parguez y Seccareccia, 2000: 102-103].

[15] Schumpeter en este pasaje está hablando ya no del proceso de acumulación en la corriente circular normal, sino donde hay una hendidura que permite la creación del crédito otorgado por los bancos. En inglés la cita es: "To bridge it is the function of the lender, and he fulfils it by placing purchasing power created *ad hoc* at the disposal of the entrepreneur" [Schumpeter, 1968: 107].

creación del poder de compra con el propósito de transferirlo al empresario, pero no simplemente la transferencia del poder de compra existe".

La creación del poder de compra caracteriza, en principio el método por el cual se realiza el desenvolvimiento en un sistema de propiedad privada y división del trabajo" [Schumpeter, 1978: 115]. Por ello, es muy importante retomar los conceptos que a lo largo del pensamiento económico han atendido los problemas financieros. Por un lado, el concepto de "régimen de acumulación de capital" y por otro, el concepto de *money manager capitalist* de Hyman Minsky.

Money manager capitalist y financiarización

Hyman Minsky define *money manager capitalist* como el "capitalismo gerencial financiero", está basado en la concepción de capital financiero de Rudolf Hilderfing, Thorstein Veblen y John Maynard Keynes [Wray, 2011]. El capitalismo gerencial con la ayuda del Estado y los procesos de desregulación y liberalización financiera ha permitido el fortalecimiento del sistema financiero paralelo o sombra donde los fondos antes públicos pasaron a ser privados y manejan una alta rentabilidad. La competitividad de las acciones pasa a ser prioritaria en función de las tasas de retorno, lo que genera riesgos y distribuye grandes ganancias.

El capitalismo gerencial financiero penetra todos los circuitos financieros internacionales y recoge la rentabilidad de las instituciones de los sistemas bancarios y monetarios de los países; la magnitud de la ganancia permite un portafolio de inversiones financieras creadas sobre la esfera financiera, esta aumenta en el infinito para luego desplomarse en una caída abrupta cuando las condiciones del malestar económico no pueden sostenerse por sus propios pies.

El capitalismo gerencial financiero al que Minsky hace alusión está basado en el modelo de "originar y distribuir" la titulización en "operaciones fuera de balance". Es decir, la titulización basada en la innovación financiera creó millones de títulos que permitieron la creación de una burbuja crediticia que se depositaba en garantía de una masa de deudores, quienes no necesariamente completaban las *ccc*,[16] según Davidson [2009]. Pero también, la especulación en instrumentos financieros como el mercado de derivados, donde el precio de las *commodities* no necesariamente corresponde al precio real de los productos, sino a la demanda de los instrumentos financieros mencionada como la "sopa de letras" por Roubini y Mihm [2010]. También, las nuevas definiciones de la financiarización acompañada de la titulización expresan la complejidad que guarda el dinero tanto en el curso de la crisis como en su propio origen y las alternativas a desarrollar para salir de ésta.

La financiarización es definida por el concepto de régimen de acumulación financiera de Chesnais y/o por el concepto de *money manager capitalism* de Minsky. La financiarización asienta la preeminencia de los inversionistas institucionales en la esfera financiera por encima de las operaciones financieras del banco central. Además, ha estado acompañada de la innovación financiera donde el modelo de "originar y distribuir" el crédito y el riesgo queda en manos de una gama de productos financieros que facilita la creación de una burbuja especulativa.

Para Girón y Chapoy [2009: 44-45], "el proceso de financiarización corresponde a la compra y venta de activos o títulos financieros que puede darse en forma ordenada en el mercado de capitales. Es el proceso mediante el cual la rentabilidad del capital financiero mediante la innovación financiera sobrepasa al sistema regulatorio creado a partir, de los organismos de Bretton Woods (1944)".

Los mercados financieros se impusieron sobre los organismos financieros internacionales y adquirió prioridad el financiamiento mediante la titulización por medio de los fondos mutuales, los

---

[16] Las *ccc* corresponden a los términos en inglés *collateral, credit history, character*. Es decir los deudores no necesariamente cumplían con un colateral e historia crediticia al otorgárseles el crédito, según Davidson [2009: 21].

fondos de inversión libre (*hedge funds*), los fondos de pensiones, las aseguradoras y otros inversionistas no institucionales que se convirtieron en los actores del financiamiento mundial [Girón y Chapoy, 2009a: 44].

Dinero-crédito, origen de la crisis y el big government

La discusión del dinero-crédito se enmarca en dos grandes líneas dentro del pensamiento económico. Estas dos corrientes se encuentran enfrentadas entre los monetaristas y los poskteynesianos, por tanto la percepción del dinero desde el pensamiento hegemónico difícilmente concuerda con la percepción postkeynesiana de una economía monetaria de la producción.

Primero, poner en la mesa del debate teórico el papel del dinero en la economía es de importancia vital para el ejercicio de las políticas económicas de orden financiero y monetario que emergen para enfrentar el ciclo económico tanto en el ascenso como en su tendencia descendente.

El segundo paso consiste en entender el papel del dinero en el ámbito de la política económica, específicamente en relación con la política monetaria y la política fiscal. Por lo cual el banco central y su papel como prestamista de última instancia cobra gran fuerza no tanto en el manejo de la tasa de interés, sino en su relación con la eficiencia marginal del capital que estrechamente reúne las condiciones de confianza y los escenarios a futuro para los inversionistas en el ciclo económico.

¿Dónde se originó la crisis?

Por último, el origen de la crisis actual, sin lugar a dudas, está en la relativa estabilidad de la economía generada a partir de una economía fuerte donde el *big government* y un robusto banco central permitieron estabilizar una economía no estable. No obstante, la estabilización y su larga duración afectaron la transformación de la economía y propiciaron la fragilidad financiera caracterizada por crisis recurrentes a lo largo de un ciclo cercano a cuatro décadas. El final de este periodo sería nominado por Wray como el momento Minsky[17] [Wray, 2009].

Sin embargo, las raíces de la crisis, en el fondo, tienen una relación muy estrecha con lo que Minsky denomina *money manager capitalism*. Esta situación corresponde al estado en que el capitalismo está dominado por el alto apalancamiento de los fondos cuya búsqueda es maximizar el retorno del capital en un entorno de alto riesgo financiero. Para Minsky existen dos "regímenes" de financiamiento: el primero consiste en lograr la estabilidad y el otro, donde la economía es inestable. "La segunda proposición es que 'estabilizando es desestabilizando', el proceso endógeno tiende a mover un sistema estable hacia la fragilidad" [Wray, 2009: 4].

La crisis del sistema capitalista se origina en la disputa por la rentabilidad y la necesaria repartición de la ganancia. El Estado fuerte e intervencionista, mediante la regulación económica y financiera traslada la repartición de la riqueza a la esfera financiera a partir de su creación. Por consiguiente, la violación a la moneda-crédito en una economía monetaria de producción rompe en el largo plazo el equilibrio en los mercados financieros. Un Estado minimalista, una economía desregulada y un banco central controlando la inflación son incapaces de rearticular la esfera de la producción y circulación a partir de la creación del empleo y de una economía del bienestar.

---

[17] Se denomina *Minsky moment* o "momento Minsky" cuando los inversionistas llegan a un estado de euforia tal que los bancos y los prestamistas extienden crédito incluso dudando de sus deudores. En este momento se crean diferentes instrumentos financieros que permiten participar en la euforia con retornos de ganancia superiores al campo productivo.

La necesidad de ganar por ganar recae en una sobre especulación que induce a un efecto Ponzi (tener que pedir prestado para permanecer en el negocio) hasta llegar al punto máximo. A partir de ese punto algunos inician el canje de los instrumentos financieros por efectivo y el riesgo se vuelve realidad al bajar el precio de las acciones de las empresas. Justo en este momento viene el desencadenamiento del pánico y con ello la quiebra de las instituciones financieras.

CONCLUSIÓN

El objetivo de este capítulo es centrar las causas de la crisis global y su profundización en los circuitos financieros de la Unión Monetaria Europea. La perspectiva del análisis se finca desde una óptica teórica heterodoxa. Como bien argumentó Minsky por cerca de cincuenta años, el sistema financiero global transitó por una transformación hacia el *money manager capitalism*, financiarización, capitalismo casino, neoliberalismo (fuera de Estados Unidos) y neoconservadurismo (dentro de Estados Unidos) [Wray, 2011: 4].

Estos cambios se agudizaron con el rompimiento de los Acuerdos de Bretton Woods al desligar el dólar del oro, y con la gran liquidez de dólares en los mercados internacionales (eurodólares) que sentaron las bases de la actual crisis financiera al establecer un sistema financiero paralelo o "sombra" donde los inversionistas institucionales minimizan la capacidad de los bancos y de los organismos financieros internacionales.

Nuevos agentes económicos como los fondos de pensiones, los *hedge funds* y las agencias calificadores han ejercido durante las últimas cuatro décadas el dominio de la repartición de las ganancias, y el Estado minimalista y las políticas de los bancos centrales se engarzan en esta dinámica que ha llevado en Europa, particularmente en los PIIGS, a un endeudamiento público de enormes dimensiones.

BIBLIOGRAFÍA

Aglietta, Michel [1998], "Le Capitalisme de Demain", *Notes de la fondation Saint-Simon*, núm. 101, noviembre.

_____ [2001], *Macroéconomie financière,* París (2 vols.), La Découverte.

_____ [2009], "Sovereign Wealth Funds: Long-Term Investors in Need of Effective Strategies", en *Revue D'Economie Financiere*, pp. 329-337.

Bliek, Jean-Gabriel y Alain Parguez [2008], "The Mitterrand 1983 turn to conservative economics: a revisionist history", España, El Escorial (Universidad Complutense de Madrid), marzo-abril.

Clevenot, Michël [2008], "Les difficultés à le nouveau régime de croissance", *Revue de la Régulation*, Numéro ¾ (2o semestre).

Chapoy, Alma [1993], *La Comunidad Económica Europea: banco central único y moneda común. Azaroso camino*, México, Cuadernos de Economía, IIEC-UNAM.

Chesnais, François [1997], *La mondialisation du capital*, París, Syros.

Chesnais, François y Dominique Plihon [2003], *Las trampas de las finanzas mundiales*, Madrid, Ediciones Akal.

Davidson, Paul [2009], *The Keynes Solution: The Path to Global Economic Prosperity*, Nueva York, Palgrave/Macmillan.

Epstein, Gerald A. [2005], *Financialization and the World Economy*, Cheltenham U.K., Edward Elgar.

Girón, Alicia [2011], "Dollar Hegemony and the Shadow or Parallel Financial System", ponencia presentada en el Congreso de la International Trade and Finance Association, en Israel, mayo.

Girón, Alicia y Alma Chapoy [2009a], "Financiarización y titulización: un momento Minsky", México, *Revista ECONOMÍA UNAM*, 6(16): 44-56, enero-abril.

_____ [2009b], *El derrumbe del sistema financiero internacional*, México, IIEC-UNAM.

Guillén, Héctor [2011], "Integración monetaria, crisis y austeridad en Europa", *Revista Problemas del Desarrollo. Revista Latinoamericana de Economía*, México, IIEC-UNAM, 42(165), abril-junio.

Hayek, Friedrich [1986 (1976)], *La desnacionalización del dinero*, Barcelona, Orbis.

_____ [2008 (1959)], *Los fundamentos de la libertad*, Madrid, Unión Editorial.

Kregel, Jan [1997], "Margins of safety and weight of the argument in generating financial fragility", *Journal of Economic Issues*, 3(2): 543-548, junio.

_____ [2006], "Estabilidad financiera internacional, flujos de capital y transferencias netas hacia los países en desarrollo", en Eugenia Correa y Alicia Girón, *Reforma financiera en América Latina*, Buenos Aires, Consejo Latinoamericano de Ciencias Sociales.

_____ [2007], "The natural inestability of financial markets", Documento de trabajo núm. 523, The Levy Economics Institute of Band College, diciembre.

_____ [2008], "Minsky's cushions of safety, Systemic risk and the crisis in the U.S., subprime mortgage market", Documento de trabajo núm. 93, Public Policy Brief, The Levy Economics Institute of Band College.

Marx, Karl [1979], *El Capital*, México, Siglo XXI, t. III, vol. 7.

McKinnon, R.I. [1963], "Optimum Currency Areas", en *The American Economic Review*, vol. LIII, núm. 4, septiembre.

Minsky, Hyman P. [1992], "The financial instability hypothesis", Documento de trabajo núm. 74, The Levy Economics Institute of Band College.

Mundell, R.A. [1961], "A Theory of Optimum Currency Areas", en *The American Economic Review*, Pittsburg, American Economic Association, vol. LI, núm. 4, septiembre.

Nieto Solís, José Antonio [2001], *La Unión Europea. Una nueva etapa en la integración económica europea*, Madrid, Pirámide.

Parguez, Alain y Mario Seccareccia [2000], "The credit theory of money: the monetary circuit approach", en John Smithin (ed.), *What is Money?*, Nueva York, Routledge, pp. 101-123.

Parguez, Alain [2009], "Déficit público: salida a la crisis estructural mundial", ponencia presentada en la Universidad de Baja California Sur, octubre.

_____ [2010], "¿La crisis financiera en Europa o la política económica generó la crisis?", en Alicia Girón, Patricia Rodríguez y José Déniz, *Crisis financiera, nuevas manías, viejos pánicos*, Madrid, Los Libros de la Catarata, Ministerio de Asuntos Exteriores y de Cooperación, AECID, Universidad Complutense de Madrid.

_____ [2011], "The dark deal of the European elites: the choice of accelerating poverty. Beyond any economic logic, the economics of self destruction", International post Keynesian Conference at the University of Roskilde, Dinamarca, 13-14 de mayo.

Orsi, Luigi y Stefano Solari [2010], "Financialisation in Southern European Economies", Économie Appliquée: an International Journal of Economic Analysis, t. LXIII, núm. 4, diciembre, Les Presses de l'ISMÉA, pp. 5-33.

Roca Zamora, Amparo [2008], "El Sistema Institucional de la Unión Europea", en Josep María Jordán Galduf (coord.), Economía de la Unión Europea, España, Civitas.

Roubini, Nouriel y Stephen Mihm [2010], Crisis Economics. A Crash Course in the Future of Finance, Nueva York, The Penguin Press.

Schumpeter, Joseph [1978], Teoría del desenvolvimiento económico: una investigación sobre ganancias, capital, crédito, interés y ciclo económico, México, Fondo de Cultura Económica.

_____ [1968], The Theory of Economic Development: An Inquiry into Profits, Capital, Credit, Interest, and the Business Cycle, Cambridge, Harvard University Press.

Stiglitz, Joseph E. [2004], Los Felices 90. La semilla de la destrucción, México, Taurus.

Taylor, John B. [1993], "Discretion versus policy rules in practice", en Carnegie-Rochester Conference Series on Public Policy (39): 195-214, North Holland, disponible en <http://www.stanford.edu/~johntayl/Papers/Discretion.pdf>.

Toporowski, Jan [2005], Theories of financial disturbance, Nueva York, Edward Elgar.

_____ [2010], "La particularité de la situation financière grecque. Leçons pour une théorie des crisis financières", Économie Appliquée: an International Journal of Economic Analysis, t. LXIII, núm. 4, diciembre, Les Presses de l'ISMÉA, pp. 35-48.

_____ [2012], "International credit, financial integration, and the euro", working paper.

Wray, L. Randall [2007], "Lesson from the Subprime Meltdown", en Levy Economics Institute, Documento de trabajo núm. 522, Universidad de Missouri-Kansas City/The Levy Economics Institute of Bard College, diciembre.

———— [2008], "Financial Markets Meltdown: What Can We Learn from Minsky", Economics Public Policy Brief", en Levy Economics Institute, Working Paper Archive, Documento de trabajo núm. 217, Universidad de Missouri-Kansas City/The Levy Economics Institute of Bard College.

———— [2009], "Money Manager Capitalism and the Global Financial Crisis", Documento de trabajo núm. 578, Universidad de Missouri-Kansas City/The Levy Economics Institute of Bard College, septiembre.

———— [2011], "Minsky's Money Manager and the Global Financial Crisis", Documento de trabajo núm. 661, Universidad de Missouri-Kansas City/The Levy Economics Institute of Bard College, marzo.

———— [2012], "Global Financial Crisis: A Minskyan Interpretation of the Causes, the Fed's Bailout, and the Future", en Levy Economics Institute Working Paper Archive, Documento de trabajo núm. 711, Universidad de Missouri-Kansas City/The Levy Economics Institute of Bard College.

MONEDA, DEUDAS SOBERANAS Y CRISIS EN EUROPA

INTRODUCCIÓN

La zona monetaria del euro viene a ser el resultado del laboratorio de políticas y planes de estabilización aplicados independientemente en cada país de Europa desde los años setenta del siglo XX. Tras un largo proceso iniciado a finales de los años cincuenta con la firma del Tratado de Roma, a inicios de los años noventa se conformaron los principios de la Unión Monetaria Europea (UME) con el objeto de facilitar los intercambios comerciales y potenciar a la Unión Europea (UE) como una zona monetaria frente a las zonas del dólar y del yen.

Con el mismo fin, los países europeos miembros de la Comunidad Económica Europea implementaron políticas de ajuste, perfilaron, aprobaron y siguieron el Tratado de Maastricht, por lo cual se podría afirmar que siguieron los pasos necesarios para lograr una integración monetaria y financiera que facilitó a los agentes económicos y financieros la labor de apropiarse de las ganancias generadas en la región. Por un lado, la austeridad de las políticas financieras y monetarias hizo necesaria la apertura de la cuenta de capital y la participación de la inversión extranjera; por el otro, el endeudamiento de los gobiernos se concretó con los inversionistas institucionales sin olvidar que los flujos de capital desregulados pasaron a ser parte del sistema financiero paralelo, un sistema financiero sombra con una regulación flexible donde las operaciones por medio de la financiarización cobraron vida propia.

El objetivo de este capítulo es mostrar cómo a pesar de las modificaciones al marco institucional de la UME realizadas en 2010 –creación de un mecanismo de gestión de crisis y prestación de apoyo financiero, el organismo provisional Fondo Europeo de Estabilidad Financiera (FEEF), es el mismo que se encargaría de proporcionar asistencia financiera a países con dificultades para acceder a financiarse en los mercados de capitales o que enfrentaran crisis de liquidez, el cual sería reemplazado en julio de 2012 por una institución de carácter permanente, el Mecanismo Europeo de Estabilidad–;[1] el panorama del desenvolvimiento de las deudas soberanas y su relación intrínseca con sus acreedores se ha agravado. Por ello, las deudas soberanas son un punto de conflicto y conducen a que la discusión de la crisis financiera se centre en el euro como moneda de reserva e intercambio de la zona monetaria de la Unión Europea. Así, la fragilidad de las economías de la periferia frente al enorme crecimiento de sus deudas soberanas y pagos del servicio de la deuda contraída con los inversionistas institucionales ha puesto a los mercados financieros ante una inestabilidad cuyo camino para superarla se debate entre si estos países son capaces de continuar en la zona monetaria, o deberán salir para evitar un mayor contagio de sus problemas frente a economías fuertes y sanas como son Alemania y Francia.

No sólo países como Portugal, Grecia, Irlanda, España e Italia atraviesan por una situación crítica, también los países del este europeo cuyos circuitos financieros se han visto impactados por el curso de la crisis financiera.

La discusión en la zona euro se centró en tratar de rescatar a Grecia de la insolvencia para que pudiese enfrentar su deuda

---

[1] Banco de España [2012], Informe del Banco de España, en Boletín Económico 06/2012, disponible en <http://www.bde.es/webbde/es/secciones/informes/boletines/Boletin_economic/anoactual/>, consulta realizada el 20 de julio de 2012.

soberana y evitar una moratoria de los pagos del servicio (2011). Las medidas de austeridad dieron lugar a cambios democráticos en el gobierno y a una mayor insatisfacción social. España siguió un camino paralelo: no sólo hubo un cambio democrático, sino al año siguiente se agrega la situación generalizada de la quiebra de las cajas de ahorro y de uno de los bancos más importante de España[2] (Bankia), que hace insostenible las medidas de austeridad. Incluso Italia se suma al proyecto del rescate financiero. Por lo cual, el cambio democrático en Francia rompe su tradicional acuerdo con Alemania y permite una mayor holgura al Banco Central Europeo (BCE), coordinado con el Fondo Monetario Internacional (FMI), de presentar propuestas alternativas más flexibles de austeridad.

El caso de Grecia es verdaderamente dramático: la renegociación de su deuda soberana y la disminución de 203 mil millones de dólares (mmd) (casi la mitad de su deuda externa) no solucionan el problema. Si se asume que las tasas de interés de largo plazo para la deuda de Grecia alcanzan ahora 6% y que el crecimiento bruto del PIB es de 4%, entonces la deuda puede estabilizarse, pero el gobierno debe controlar la oferta monetaria primaria después de pagar los intereses de 3.2% del PIB. Si la deuda de Grecia desciende a 60% del PIB en el año 2040, como lo establece el Tratado de Maastricht, los griegos cada año necesitarían una oferta monetaria primaria de 6% del PIB y estarían obligados a pagar más impuestos que lo que reciban del gobierno por concepto de gasto público.

Otras preocupaciones, impostergables, son cómo afrontar las deudas de España, Portugal, Irlanda e Italia y las altas tasas de desempleo en casi todos los países integrantes de la Unión Europea.

---

[2] Bankia fue el resultado de la fusión de varias cajas a mediados del 2011. A menos de un año de vida y después de haberse financiado en el mercado de valores el banco quebró, fue el inicio de una secuela de quiebras bancarias en las instituciones financieras recién constituidas como cajas-bancos.

DEUDAS SOBERANAS

La crisis financiera iniciada en el año 2007 con epicentro en Estados Unidos se propagó a Europa y al resto del mundo y dejó al descubierto problemas estructurales como las deudas soberanas en la periferia europea. Países como Grecia, Irlanda, España, Portugal e Italia habían recurrido al endeudamiento público para emplearlo como motor impulsor del crecimiento, pero la incapacidad de aumentar sus ingresos fiscales los llevó a una situación económica y financiera insostenible.

Para enfrentar estas condiciones, países de la zona euro y organismos internacionales han presentado propuestas de reformas financieras y planes de ajuste a ser instrumentados por los países directamente involucrados; así mismo, se ha puesto en duda el pago de la deuda y colocado en entredicho el futuro de la Unión Monetaria Europea.

De 2009 a mediados de 2012, los altos niveles de endeudamiento y la proximidad en las fechas de vencimiento de los bonos de países europeos han ocasionado fuertes caídas en los mercados internacionales de capital por la desconfianza en la capacidad para cubrir los pagos. A su vez, el deterioro de las finanzas públicas en países emergentes europeos ha afectado a toda la zona euro, básicamente por las siguientes razones:

a) Buscar salida a la crisis implica la participación tanto de los países con políticas fiscales ineficientes como de los demás miembros de la comunidad europea, es decir se requiere de un esfuerzo conjunto, de transferencias o subsidios cruzados provenientes principalmente de Alemania y Francia.

b) Mantener o abandonar la moneda única –euro– puede significar avances o retrocesos financieros y económicos dados los esfuerzos realizados para fortalecerla.

c) En el ámbito mundial el único bloque comercial integrado –con presencia política– es la comunidad europea, por tanto su desmantelamiento total o parcial tendría grandes efectos económicos en los países que la integran y en todo el mundo.

Ante el estallido de la crisis *subprime* en Estados Unidos, después de la quiebra de Lehman Brothers en 2008, algunos países de la zona euro aplicaron políticas monetarias y fiscales contracíclicas pero no lograron elevar la demanda agregada a un nivel que permitiera reactivar la economía y alcanzar un crecimiento sostenido: por el contrario, en algunos casos estas medidas agudizaron los problemas estructurales pues generaron una recuperación desigual en la eurozona [FMI, 2009].

Las economías emergentes europeas: Portugal, Irlanda, Italia, Grecia y España (PIIGS, por sus siglas en inglés) empezaron a tener dificultades para obtener financiamiento del exterior, las tasas de crecimiento del PIB emprendieron su descenso (gráfica 2.1), presentaron presiones inflacionarias y se agudizó su dependencia de la demanda externa.

Gráfica 2.1. Producto interno bruto
(Variación porcentual anual)

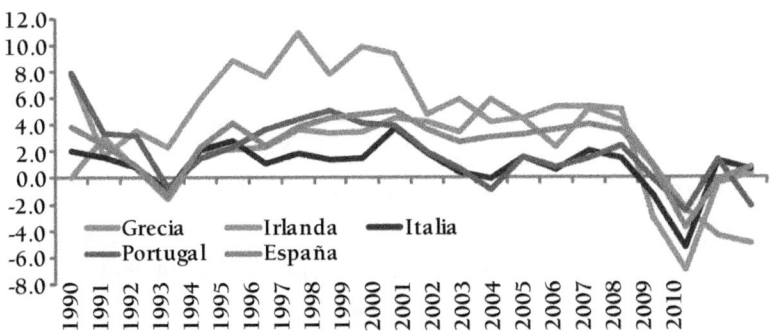

* 2011 son estimaciones realizadas por el FMI.
Fuente: FMI, *World Economic Outlook Database*.

Este deterioro financiero de los PIIGS, sobre todo de Grecia, arrastró a la baja las expectativas de crecimiento en las economías ancla: Alemania y Francia, e impulsó al BCE a adoptar en el corto plazo la decisión de inyectar liquidez a las instituciones bancarias del área y junto con el FMI conceder préstamos a Grecia para que pudiera pagar el servicio de su deuda correspondiente a los años

2009 y 2010, pero esto exigió la aplicación de políticas de ajuste conducentes a disminuir la deuda total como porcentaje del PIB y sanear las finanzas públicas [CEPAL, 2010].

Como resultado inmediato, el BCE se convirtió en un importante tenedor de la deuda de Grecia; posiblemente en 2012, con el vencimiento de una parte importante de la deuda soberana de España, Portugal, Irlanda, Grecia (nuevamente) e Italia, el BCE se vea precisado a adquirir bonos de esos gobiernos,[3] que no podrán asumir sus compromisos de pago y tampoco las metas de productividad y eficiencia exigidas por la Unión Europea y el FMI.

Esta coyuntura de recesión económica en la UME, particularmente en la periferia, profundizada por las medidas de austeridad defendidas en su momento por Jean-Claude Trichet, quien fuera presidente del BCE, y criticadas por Paul Krugman [2010], que argumentaba eran inapropiadas dados los altos índices de desempleo y bajas tasas de crecimiento, obligan a investigar las causas que dispararon los niveles de deuda pública y la relación que ésta guarda con las principales variables macroeconómicas en cada uno de los países más débiles.

Endeudamiento público y crisis en Grecia

Grecia ingresó a la Comunidad Económica Europea en el año 2000, al año siguiente adoptó al euro y al mismo tiempo empezó a incrementar aceleradamente su gasto público vía el financiamiento

---

[3] Esta medida conocida como "flexibilización cuantitativa" consiste en que el banco central inyecta liquidez a la economía al comprar productos financieros, bonos del gobierno, esperando que los vendedores (bancos) utilicen el dinero para dar préstamos a empresas y familias para invertir. Aunque pueden dejarlos en depósitos bancarios y/o enviarlos a paraísos fiscales. Esto es, el gobierno mediante el banco central crea dinero y lo utiliza para pagar a los bancos y a otras instituciones financieras (tenedoras de bonos públicos) a las que se propone ayudar. La "flexibilización cuantitativa", sin embargo, puede lograr que los bonos del gobierno resulten atractivos para los inversionistas y de esa manera que las tasas de interés que paguen se reduzcan, esta acción actualmente perjudicaría a los fondos de pensiones por ser dueños de grandes cantidades de bonos gubernamentales.

externo. Así, la economía griega inició un periodo de comportamiento dinámico, el PIB creció a un promedio anual de 4.2% en 2000-2007, teniendo su máximo en 2003 con 5.3%, por encima de todo los países de la zona euro; en 2009 la situación cambió para dar inicio a una etapa de crisis económica y política, el PIB se contrajo –2.0% y se hicieron evidentes el deterioro de las finanzas públicas y los problemas de corrupción. El déficit fiscal como porcentaje del PIB,[4] según Eurostat, fue de 15.8% (gráfica 2.2), cifra por encima de la permitida por el Tratado de Maastricht.

Este deterioro de las finanzas públicas causó nerviosismo en los mercados financieros internacionales por una probable declaración de moratoria en el pago de los bonos públicos. No obstante que las autoridades gubernamentales hicieron evidente el sobreendeudamiento originado por las autoridades monetarias y la sobrecalificación de Goldman Sachs respecto de los activos financieros correspondientes a la deuda externa, los organismos financieros internacionales no aceptaron la profundidad del conflicto financiero.

---

[4] El nivel de deuda soberana se mide por medio de la relación déficit fiscal/PIB.

Cuando la deuda pública de un país crece continuamente como porcentaje del PIB significa que el superávit presupuestal primario no compensa la carga del servicio de la deuda como sí lo haría el crecimiento económico.

¿Cómo se calcula el crecimiento de la deuda?

Sin considerar la propiedad de la deuda externa y los efectos monetarios, el crecimiento de la duda se estima de acuerdo con la fórmula: $\Delta d_t = -pb_t + \frac{(i_t - g_t)}{(1 + g_t)} d_t - 1$

Donde: d es la deuda pública como porcentaje del PIB; p_b es el balance del presupuesto primario como porcentaje del PIB (excluido el servicio de la deuda); i es la tasa de interés efectiva que se paga sobre la deuda pública, g es la tasa de crecimiento económico nominal y t se refiere al tiempo.

De acuerdo con la ecuación existen cuatro vías para controlar los problemas de endeudamiento público: 1) recortar el gasto público e incrementar los impuestos; 2) elevar la inflación para reducir la carga real de la deuda; 3) realizar reformas estructurales, y 4) reestructurar el nivel de deuda pendiente (d_{t-1}).

De estas políticas, la posibilidad de elevar la inflación no es una opción para la zona euro dado que la política monetaria en manos del BCE está sometida al Tratado de Maastricht y la reestructuración de la deuda no resulta atractiva para los mercados financieros porque los déficit fiscales son muy altos, Blundell-Wignall y Slovik [2011].

Gráfica 2.2. Gobierno general: Déficit/superávit
(Porcentaje del PIB)

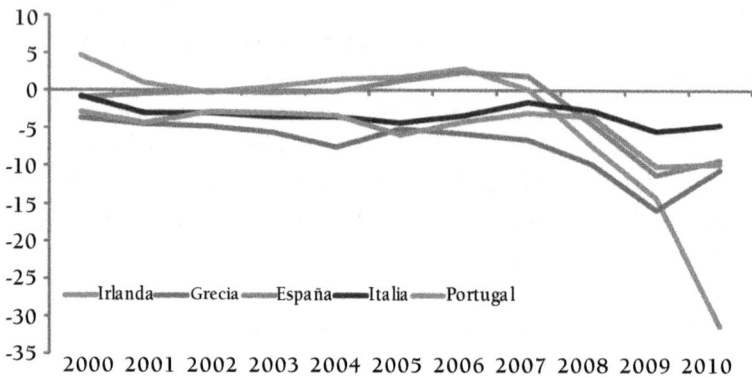

Fuente: Eurostat, <http://epp.eurostat.ec.europa.eu/>.

La incertidumbre se acentuó cuando las agencias calificadoras Standard & Poor's, Moody's y Fitch (diciembre de 2009) redujeron la calificación de la deuda soberana al cuestionar que el gobierno griego gastaba por encima de su nivel de ingreso y las exportaciones no eran competitivas,[5] condiciones que no le permitirían cumplir con las obligaciones contraídas.

---

[5] Desde la conformación de la Unión Europea los temas de la competitividad de las exportaciones y la capacidad de financiamiento público han sido debatidos debido a las asimetrías existentes entre los países del norte y sur de Europa, sobre todo. Para tratar de darles una salida en 2000 los países miembros firmaron la Estrategia de Lisboa, donde se propusieron convertir a la Unión Europea en una comunidad sustentada en el conocimiento y la competitividad para mantener un crecimiento económico sostenido con altos niveles de empleo de calidad y cohesionada socialmente.

Las directrices de Lisboa (2005-2008) y el comunicado de Maastricht (2004) exigieron que la educación y formación profesional cumplieran los requisitos del mercado laboral de la economía del conocimiento para contar con una mano de obra calificada, para medir los avances en competitividad se propuso calcular un índice compuesto por ocho magnitudes: sociedad de la información; liberalización; servicios financieros; industrias de redes; investigación y desarrollo; empresariado; inclusión social y desarrollo sustentable. Los resultados del índice de competitividad han sido contrastados con los obtenidos en Estados Unidos y con economías asiáticas. Al interior de la Unión Europea, los países nórdicos históricamente han ocupado los primeros lugares, y los PIIGS los últimos.

El gobierno griego, como todos los gobiernos de los países que integran la zona euro, no cuenta con una moneda propia sino con una común, no puede recurrir a la devaluación monetaria como mecanismo de ajuste de la competitividad. Este hecho ha alimentado la incertidumbre en torno a la conveniencia de mantener una moneda única en una comunidad débilmente integrada por la existencia de asimetrías económicas y políticas.

Ante este contexto, Grecia adoptó medidas que resultaron insuficientes para los mercados, y sus exigencias la obligaron a comprometerse, por el Pacto de Estabilidad y Crecimiento de la Unión Europea, a reducir el déficit fiscal a menos de 3% del PIB; en el Tratado de Maastricht se estableció que a este porcentaje debía ajustarse el déficit fiscal de todos los países miembros.

Así, las restricciones legales establecidas por la zona euro en el Tratado de Funcionamiento de la Unión Europea[6] impidieron una fundamentación económica sólida que respaldara el programa y convenciera a los inversionistas. Al mismo tiempo, la Comunidad Europea no aprobaba un rescate financiero y no terminaba por aceptar la intervención del FMI en asuntos internos.

En el primer trimestre de 2010 la Comisión Europea anunció medidas adicionales para atacar la crisis griega; de nuevo los resultados fueron negativos y la especulación en los mercados financieros continuó, por tanto la tendencia alcista de las tasas de interés se ha convertido en una constante (gráfica 2.3), que a su vez incrementa los costos del servicio de la deuda y dificulta su consolidación. Por esta razón la deuda consolidada de los PIIGS como porcentaje del PIB es relativamente baja (gráfica 2.4).

---

[6] El artículo 126 del Tratado de Funcionamiento de la Unión Europea (antiguo artículo 104 del TCE) establece que los Estados miembros deben ser cautelosos con los déficit públicos excesivos, y en el artículo 125 (antiguo artículo 103 del TCE) explícitamente se dice que la Unión Europea no asumirá ni responderá por los compromisos adquiridos por los gobiernos sin perjuicio de las garantías financieras para la realización de proyectos específicos conjuntos (Tratado de Funcionamiento de la Unión Europea, Versión Consolidada, consulta realizada el 26 de enero de 2012).

Gráfica 2.3. Tasa de interés a 10 años
(Promedio mensual)

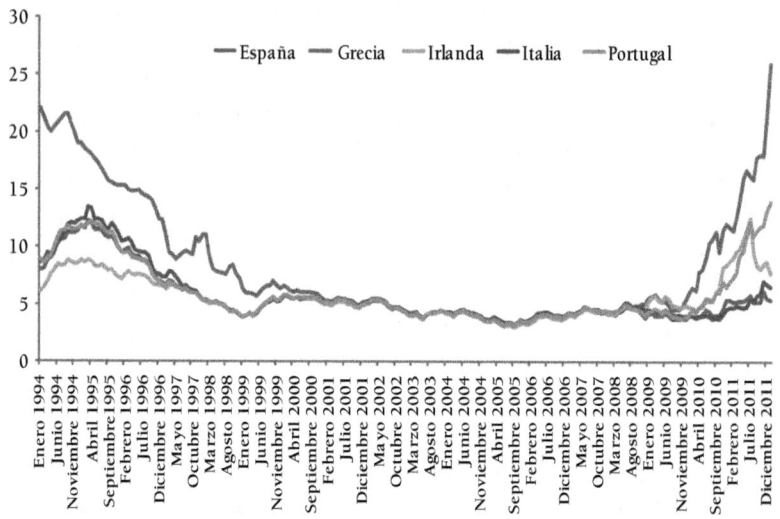

Fuente: BCE:<www.ecb.int/ecb/html/index.es.htm>.

Gráfica 2.4. Deuda consolidada del gobierno
(Porcentaje del PIB)

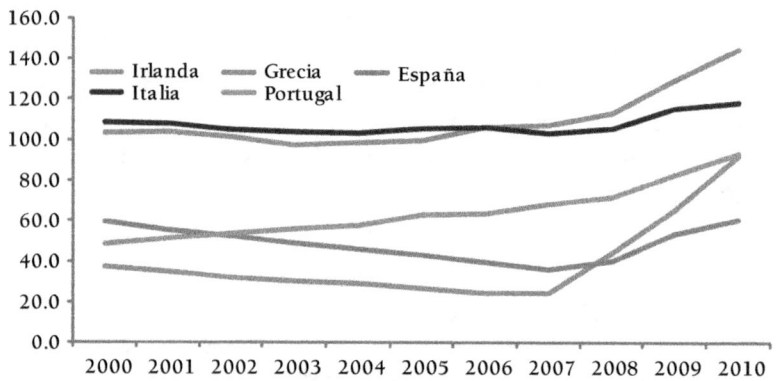

Fuente: Eurostat, septiembre, <http//epp.eurostat.ec.europa.eu/>.

A este encadenamiento de dificultades económicas, financieras y políticas se suman las restricciones de financiamiento implantadas por el artículo 123 del Tratado de Funcionamiento de la Unión Europea (antiguo artículo 101 del TCE), que prohíbe la concesión de créditos por parte del BCE y de los Bancos Centrales de los Estados miembros a favor de un organismo o miembro de la Unión y la adquisición directa de sus instrumentos de deuda (Tratado de Funcionamiento de la Unión Europea, 2010); por consiguiente, el financiamiento externo, única fuente de recursos, se agotó y la crisis griega se profundizó.

Se recurrió al artículo 122 del Tratado de Funcionamiento de la Unión Europea, el cual establece que ante graves dificultades de un Estado miembro se puede acordar una ayuda financiera por parte de la Unión, pero en un primer momento, al no concretarse el salvamento para Grecia, los mercados financieros liquidaron masivamente sus papeles de deuda.

A mediados de 2010 se acordó por parte de la Unión Europea, el BCE y el FMI[7] un programa de rescate de la deuda soberana de Grecia y así evitar el colapso de los mercados financieros internacionales. Este programa cooperativo de financiamiento debía reunir 110 000 millones de euros en tres años y el gobierno debía comprometerse a realizar ajustes con vías a estabilizar la economía, elevar sus niveles de competitividad y restablecer la confianza de los mercados [FMI, 2010ª]. De los 110 mil millones de euros (mme) el FMI aportó 30 mme y los otros 80 mme consistieron en préstamos bilaterales de los países de la Comunidad Europea. El propósito era que Grecia estabilizara su economía, recuperara la senda del crecimiento y hasta 2012 recurriera a los mercados financieros, así como restaurar la estabilidad en la zona euro que le permitiera reestructurarse, promover reformas aplazadas por las economías débiles[8] y garantizar la recuperación de la economía mundial.

---

[7] A esta tercia de instituciones popularmente se le denomina *troika*, emulando al grupo de dirigentes de la ex Unión Soviética que estaba formado por el presidente de la Unión de Repúblicas Socialistas Soviéticas, el jefe de Gobierno y el secretario general del partido comunista.

[8] Grecia, España, Portugal, Irlanda e Italia.

Este programa de ajuste implementado en Grecia fue supervisado por el FMI, se sustentó en dos pilares: a) la corrección de los desequilibrios fiscales, y b) mejorar la competitividad económica y disminuir las tasas de inflación, y se centró en tres aspectos: 1) restablecer la política fiscal; 2) incentivar la competitividad de sus exportaciones, y 3) salvaguardar la estabilidad del sector financiero. De esta manera se pretendía reactivar el crecimiento, el empleo con equidad y proteger a los sectores más vulnerables de la población [FMI, 2010b].

Los objetivos concretos del programa de reformas estructurales fueron: reducir el déficit fiscal de 15.4% en 2009 a 2% en 2015; lograr la sostenibilidad de la deuda en el periodo 2010-2012 e iniciar una tendencia descendente de la relación deuda/PIB a partir de 2013, y reanudar el acceso a los mercados financieros. Las medidas para lograrlos tienen un alto impacto social pues se sustentan en mayores tasas del IVA y gravámenes al alcohol, tabaco y gasolina; congelamiento de salarios y pensiones y, por supuesto, menor gasto social; privatización de empresas estatales, contracción de la inversión pública; modificaciones al marco jurídico, supervisión de la administración pública para la rendición de cuentas, mayor transparencia y mantener la solvencia y liquidez necesarias para que el sistema financiero griego se estabilice para recobrar así la confianza de los inversionistas mediante la red de protección y establecimiento del Fondo de Estabilidad Financiera (FSF) que contribuya a restablecer el acceso a los mercados de crédito internacionales.

La respuesta de los mercados financieros no fue favorable, por tanto los gobiernos de la zona euro, el BCE y el FMI recaudaron un fondo mayor, ahora por 830 mme para garantizar préstamos y estabilizar a los países débiles. Adicionalmente, el FMI aportó 250 mme bajo sus términos y condiciones: se aplicaron ajustes más severos a las economías de España y Portugal; se establecieron mecanismos de estabilización y ayuda financiera hasta por 500 mme para los países que lo requirieran; se permitió al BCE participar en el mercado secundario de deuda pública y privada, y reactivar la línea temporal de *swaps* del sistema de Reserva Federal (FED) de Estados Unidos.

En el segundo semestre de 2010 Grecia logró disminuir su déficit fiscal en 40%, colocar bonos (a seis meses a tasas por debajo de 5%) en los mercados financieros por 2 795 millones de euros (me), y recibió ayuda de la Unión Europea y el FMI por 11 500 me. Sin embargo, esta inyección de liquidez fue insuficiente, el gobierno central debía ingresar a sus arcas 5 mme adicionales para cumplir el objetivo de reducir su déficit de 9.4% en 2009 a 7.4% del PIB en 2011, así que de nuevo recortó gastos en sueldos y pensiones hasta en 25%, empequeñeciendo al sector público y empobreciendo drásticamente a la población, que reaccionó con una ola de huelgas generales [FMI, Greece and the IMF, 2010].

En 2011 el ambiente económico, político y social de Grecia se deteriora aún más, Eurostat (oficina estadística de la Unión Europea) sitúa el déficit fiscal en 10.5%, cifra muy por arriba del objetivo fijado de 7.6%; el gobierno logra colocar bonos por 17 510 me a tasas menores de 5%[9] pero a plazos de tres y seis meses, la calificación de la deuda soberana es rebajada en diversas ocasiones por las agencias calificadoras Fitch, Standard & Poor's y Moody's hasta colocarla en *ccc* las dos primeras y Caa1 la tercera, lo cual significa que los bonos griegos son considerados bonos basura y el país está a un paso de caer en impago; la fuga de capitales se agudiza (fuga equivalente al 120% del PIB), inicia el proceso de privatizaciones, el Parlamento aprueba el impuesto sobre la propiedad inmobiliaria, la tasa de desempleo se dispara por el despido masivo de trabajadores de empresas públicas, las huelgas continúan y 13% de la población no tiene ingreso alguno [Banco de Grecia, 2011].

En esta situación de caos el primer ministro Papandréu dimite y se forma un gobierno de unidad nacional dirigido por el nuevo primer ministro Lukás Papademos. La troika aprueba una reforma al Fondo Europeo de Estabilidad Financiera (plan de austeridad para Grecia firmado en 2010) para ampliarlo a un billón de euros, autoriza la entrega a Grecia de 8 mme y aprueba recortar

---

[9] 5% es la tasa media de interés que Grecia paga por los préstamos del FMI y la Unión Europea.

la deuda de Grecia con la banca privada en 50%; el FMI libera los 3 200 me correspondientes al quinto tramo del rescate acordado en 2010 y eleva a 50 mme el monto de las privatizaciones que Grecia debe realizar hasta 2015 para poder saldar su deuda, por lo que el Tribunal Constitucional alemán presiona para acelerar las privatizaciones de empresas públicas [FMI, Greece and the IMF, 2011].

Se reducen los depósitos bancarios en 14 mme entre septiembre y octubre, y la agencia calificadora Moody's baja la nota a ocho bancos griegos: NBG, Eurobak; Alpha Bank; Piraeus Bank; ATE; Attica Bank; Emporiki (filial del banco francés Crédit Agricole) y Geniki (controlado por el banco francés Société Générale); Alpha Bank y EFG Eurobank se fusionan [Banco de Grecia, 2011].

Paralelamente, los líderes de la Unión Europea[10] acuerdan un nuevo rescate para Grecia por 109 mme, a este se suma la aportación voluntaria de los bancos por 50 mme y se firma un nuevo mecanismo de estabilidad que contempla una baja en las tasas de interés y un alargamiento en los plazos para los préstamos a Grecia, Irlanda y Portugal. Asimismo, algunos países europeos: Finlandia, Estonia, Eslovenia, Holanda, Austria y Eslovaquia piden a Atenas depositar en las arcas de sus Estados una cantidad que sumada a los intereses que producirá, cubra el monto total del préstamo garantizado por cada uno de ellos.

Aún en 2012 la situación de Grecia no sólo no se estabiliza, sino que no se ha podido recuperar la confianza de los inversionistas y las variables macroeconómicas no han alcanzado los rangos anteriores a la crisis. Como se muestra en el cuadro 1 del anexo estadístico y la gráfica 2.1, el PIB de Grecia en 2010 fue de –4.4 %, en 2011 cayó –6.9%[11] y la tasa de desempleo ha estado cercana a 21%, muy por encima del 15% considerado para 2012 por el programa; el escenario griego ha empeorado, esto ha obligado al gobierno a llegar a un acuerdo con la *troika* tras haber

---

[10] Ángela Merkel y Nicolas Sarkozy.

[11] *El Financiero* [2012b], "FMI revisa a la baja previsión del PIB de Grecia 2012", disponible en <http://www.elfinanciero.com.mx/index.php?option=com_k2&view=item&id=10020&Itemid=26> sección finanzas, consulta realizada el 16 de marzo de 2012.

aprobado un duro plan de austeridad que le exige recortar a 150 000 funcionarios públicos en el periodo 2012-2015 y rebajar el salario mínimo en 22% (por debajo de 600 euros mensuales, niveles salariales de España y Portugal) para obtener a cambio préstamos internacionales por 130 mil millones de euros.

Sin embargo, doce miembros del Instituto de Finanzas Internacionales (acreedores privados: bancos y fondos de inversión) aceptaron participar en el canje de deuda que implica una quita superior a 50% (de los 206 mme que les adeuda Grecia) y una reducción de alrededor de 100 mme en la carga financiera, lo cual consolida la estrategia del segundo rescate griego pero no evita, según la troika, un tercer rescate en unos años, entre 2015 y 2020[12] [*El País*, 2012a y 2012d].

Como bien señala Nouriel Roubini [2012], los acreedores de Grecia son los afortunados de esta tragedia y deberían contar sus estrellas de la suerte:

- El plan incluirá 30 mme (39 mil millones de dólares) en efectivo por adelantado para los propietarios de los nuevos bonos y la garantía de que seguirán siendo valiosos.
- Nuevos bonos se emitirán bajo la ley inglesa y no por la legislación griega, entonces el gobierno griego no será capaz de convertir deuda denominada en euros en nueva deuda denominada en dracmas si el país sale del euro.
- Los prestamistas oficiales de Grecia han estado reestructurando y extendiendo la madurez de los préstamos a Grecia y condonando parte del interés que les debían, por lo que no deben ser considerados como "prestamistas preferidos".
- Es poco probable que la deuda pública de Grecia sea sostenible en el corto plazo, y el país probablemente tendrá dificultades para pagar los 130 mme (171 billones de dólares) que está a punto de recibir de la troika UE/BCE/FMI.

---

[12] De no haberse acordado la quita de 50% de la deuda, Grecia hubiera necesitado 14 500 me por vencimiento de uno de sus créditos en marzo, y otros 325 me que le faltaban para cubrir un programa pactado con Bruselas.

Tres cuartas partes de la deuda griega estarán en manos de acreedores oficiales para el año 2014, de esta manera la deuda pública de Grecia será casi totalmente socializada y los acreedores oficiales sufrirán enormes pérdidas adicionales, por tanto se mantienen altas las probabilidades de que en el futuro la deuda siga siendo insostenible. Además, Grecia no va a recuperar el acceso al mercado por lo menos durante la presente década, de modo que su déficit fiscal y de cuenta corriente tendrá que ser financiado con otros recursos oficiales en el futuro.

Así que los acreedores privados de Grecia deberían dejar de quejarse porque aun cuando tendrán algunas pérdidas limitadas, si son consideradas a precios de mercado, el canje de deuda ofrece una ganancia de capital potencial pues se espera que los nuevos bonos tengan un valor superior a los antiguos, lo cual sugiere que este ejercicio Practical Stock Investing (PSI)[13] también ha transferido las pérdidas a los acreedores oficiales de Grecia.[14]

Por estas razones se ve un tanto lejano que los programas instrumentados, aunque sean nuevamente ampliados, resuelvan la crisis de deuda soberana en Grecia, en la periferia de la zona euro y globalmente. Esta problemática exige un acuerdo entre países de la Unión Europea –Alemania y Francia– con el Reino Unido (gráfica 2.5), países que poseen el mayor porcentaje de la deuda griega, Estados Unidos, Japón, China[15] y los organismos financieros internacionales FMI y Banco Mundial.

---

[13] Practical Stock Investing (PSI), es un ejercicio que consiste en invertir en el mercado de capitales. Por ejemplo, un *stock investor* es una persona o una firma que comercian *equity securities* en calidad de agente, *hedger*, arbitro, especulador o inversionista, aunque la mayoría son *stock speculators*.

[14] Nouriel Roubini [2012], "Greece's Private Creditors Are Actually Getting Lucky in the Second Bailout", en *Financial Times*, 7 de marzo.

[15] Es muy importante señalar que China ha mostrado interés en colaborar en la solución de la crisis europea de deuda soberana, pero aún no ha habido declaraciones concretas a la forma de hacerlo; y se ve difícil que lo haga en cuanto el gobierno chino bajó la meta de crecimiento a 7.5% para 2012, medida adoptada para tratar de rebalancear la economía y amortiguar las presiones de precios [*El Financiero*, 2012; <http://internacional.elpais.com/internacional/2012/02/14/actualidad/1329220273_877916.html>].

Gráfica 2.5. Deuda pública de Grecia por países acreedores 2011 (Porcentajes)

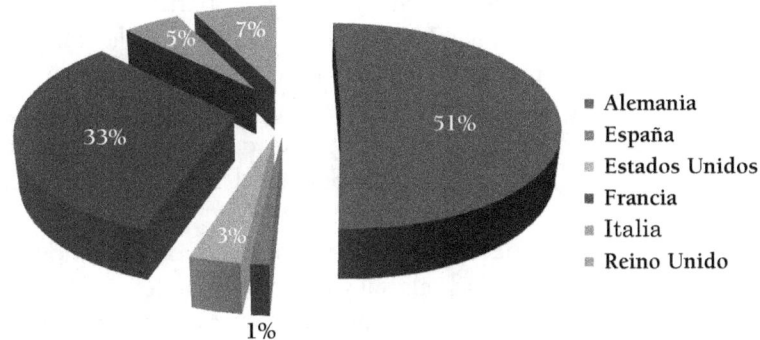

- Alemania
- España
- Estados Unidos
- Francia
- Italia
- Reino Unido

Fuente: BIS, <http//www.bis.org/statistics/index.htm>.

DEBILIDAD ECONÓMICA EN PORTUGAL

Portugal, considerado el país más pobre de la zona euro, sufrió en los primeros meses de 2010 dos recortes en la calificación de su deuda soberana, primero (marzo) de AA a AA⁻ por parte de la agencia de crédito Fitch Ratings, y luego (abril) hasta A⁻ por la agencia calificadora Standard & Poor's, ambas empresas consideraron que el país afrontaba debilidad presupuestaria y de esta manera cuestionaron la capacidad de pago de su deuda. Tras estos descalabros que mostraban la debilidad económica de Portugal, parlamento (sin los socialdemócratas) y gobierno (socialista) acordaron respaldar un plan de austeridad (Programa de Estabilidad Económica, PEC) para reducir el déficit fiscal (de 9.4% del PIB a 2.8% en 2013) y su deuda soberana que representaba 83% del PIB (gráfica 2.4).

Este plan contempla el congelamiento de los salarios reales de los funcionarios, retraso en la construcción de infraestructura, reducción del gasto social, disminución de la inversión pública de 9.3% del PIB en 2009 a 2.9% en 2013, privatización de bienes públicos y aumento de impuestos a las rentas más altas. Este programa de austeridad fue ampliado a mitad de año: se incluyó un aumento del IVA (1%) y el impuesto sobre la renta de las personas físicas (IRPF) para tratar de reducir el déficit público a menos de 3% en cuatro años.

Sin embargo, el lento crecimiento del PIB a partir de 2008, año en que fue de cero (gráfica 2.1), asociado a la caída en la competitividad pusieron en riesgo el pago de los compromisos adquiridos y motivaron tanto una tercera rebaja en la calificación de su deuda de Aa2 a A1 realizada por la agencia calificadora Moody's, como el aumento de la tasa de interés de los bonos del Tesoro a una penalización récord de 7.37% (noviembre de 2010).

A lo anterior es necesario sumar problemas de demanda interna, baja competitividad salarial y normas laborales rígidas que llevaron a aprobar una tercera etapa del PEC, esta vez contempló un aumento del IVA de 21% a 23%; una rebaja de 3.5% a 10% en los salarios de los funcionarios públicos; congelación de pensiones y recortes al gasto e inversión estatal.

A inicios de 2011 (marzo) el gobierno presentó una cuarta etapa del plan de ajuste, el que incluyó un mayor gravamen a las pensiones más altas, recortes al sector salud y limitación de los beneficios fiscales. El efecto fue una elevación de la prima de riesgo de la deuda soberana a 9%, las agencias calificadoras Fitch, Standard & Poor's y Moody's rebajaron de nuevo la nota de la deuda portuguesa pues colocaron los bonos del Tesoro a diez años cerca de ser considerados bonos basura (gráfica 2.3).

Al complicarse la situación económica el gobierno portugués pide activar el rescate financiero a su país por parte de la Unión Europea, el BCE y el FMI, el cual es aprobado (mayo) por 78 mme para entrega a lo largo de tres años, y trae consigo el endurecimiento del programa de ajuste iniciado en 2010. Ahora, el plan aprobado con la troika prevé reducción de las pensiones por más de 1 500 millones de euros, rebaja del periodo para recibir seguro de desempleo (máximo 18 meses), y congelamiento de salarios y pensiones durante 2012 y 2013.

Aunque el rescate financiero asegura a Portugal la colocación de deuda en el mercado primario, la prima de riesgo país se eleva, el interés de los títulos a diez años sobrepasa 13% (gráfica 2.3), las agencias calificadoras continúan rebajando la nota de la deuda pública portuguesa y también bajan la calificación de la deuda de cuatro bancos;[16] se contrae aún más la economía portuguesa en el último trimestre de 2011 y el gobierno vende su participación (21.35%) en la principal eléctrica del país, Energías de Portugal (WDP), a la china *Three Gorges* [FMI, Portugal and the IMF, 2011].

A pesar de que en enero de 2012 Portugal logra colocar bonos (incluso a 30 años) en los mercados financieros internacionales a tasas de interés menores a 5%, en febrero las agencias calificadoras rebajan la nota de su deuda soberana de Ba3 a Ba2, a bono basura [*El País*, 2012c].

El origen del endeudamiento de Grecia y Portugal se encuentra en una práctica que estos países pudieron realizar con el consentimiento de la Unión Europea, de no ser así Alemania, Francia y España difícilmente absorberían en conjunto 88% de la deuda portuguesa (gráfica 2.6).

Gráfica 2.6. Deuda pública portuguesa por países acreedores 2011 (Porcentajes)

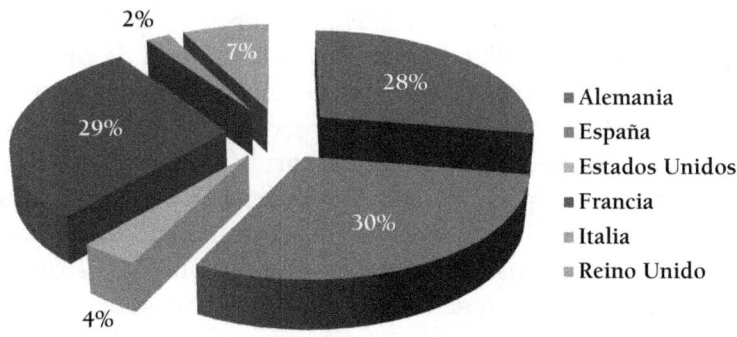

Fuente: BIS, <http://www.bis.org/statistics/index.htm>.

[16] Los bancos que ven descender la calificación de su deuda son: Banco Comercial Portugués, Banco Internacional de Funchal (Banif), la Caixa Geral de Depósitos y el Banco Espirito Santo.

Portugal y Grecia desde su incorporación a la Unión Europea emitieron deuda a bajo costo –lo permitió el uso de la moneda común– y tomaron préstamos por encima de sus posibilidades. Inicialmente, en el periodo 2000-2007, el euro funcionó como moneda única sin problemas y no evidenció la pérdida de competitividad de las exportaciones de las economías en cuestión gracias a poder obtener con relativa facilidad financiamiento externo.

CRISIS DE DEUDA PRIVADA, EMPRESAS Y FAMILIAS EN ESPAÑA

Sin lugar a dudas el caso de España confirma lo expresado por Minsky: una característica fundamental de la economía es que el sistema financiero oscila entre la robustez y la fragilidad, movimiento integrante del proceso que generan los ciclos económicos, por lo cual se llega rápidamente a un financiamiento de tipo Ponzi[17] y la inestabilidad se impone sobre el conjunto del sistema financiero [Minsky, 1986: 15].

La falta de confianza y la necesidad de "abandonar el barco" antes de que se hunda desencadena una brutal falta de liquidez en el mercado, esto significa que los bancos dejan de prestarse entre ellos y frenan sus préstamos a las empresas en una etapa en que el *credit crunch* transforma la crisis financiera en una crisis económica, lo cual ocasiona a su vez que la crisis se vuelva sistémica y la falta de liquidez afecte a todos, incluso a las empresas que tuvieron una gestión prudente, lejana a la titulización de activos.

Al detonar la crisis *subprime* en Estados Unidos, España se encontraba en el inicio de un proceso de ajuste económico, después de un largo periodo de expansión en que acumuló una serie

---

[17] De acuerdo con Minsky, se llega a un financiamiento tipo Ponzi cuando existe una alta probabilidad de déficit en cada periodo (no se cuenta con un colchón de seguridad) y se tienen que pedir préstamos de fondos adicionales para cumplir con los compromisos de flujos de dinero.

de desequilibrios que generaban inestabilidad. Recientemente las familias habían contraído deuda para comprar vivienda y las empresas contrataron crédito para la promoción de inmuebles, atraídas por las ganancias, lo cual provocó una burbuja inmobiliaria [Banco de España, 2008].

Las empresas y las familias estaban mostrando un alto grado de endeudamiento y el sector inmobiliario tenía una ponderación excesiva en la actividad económica estimulada por: las bajas tasas de interés reales; la disponibilidad de amplias líneas de crédito; las moderadas primas de riesgo existentes y los grandes flujos de capital bancario alemán y francés que atraídos por los bajos salarios, la liberalización financiera y del suelo y los altos beneficios, conjuntamente con el sector bancario español realizaron grandes inversiones en el sector inmobiliario, y así se creó el complejo banca-sector inmobiliario-industria de la construcción.

La dinámica de la construcción y la compra de vivienda son presentadas en el informe anual 2008 del Banco de España, en él se describe un crecimiento exponencial de las transacciones inmobiliarias y se señala un alza importante en la construcción de nuevas viviendas, con una tasa de crecimiento promedio anual de 2.7% para el periodo 1995-2007,[18] lo que se tradujo en un aumento de la inversión en construcción residencial de 5% del PIB en los años noventa a 6.8% del PIB en 2007,[19] por consiguiente el empleo en el sector de la construcción creció de una tasa anual de 2.7% en 1999 a 13.2% en 2007, y el sector de la construcción representó 12% del PIB.

Este *boom* inmobiliario fue posible (además de los factores anteriormente mencionados) gracias: a) el incremento en la capacidad de financiación de las entidades de crédito ocasionada por el desarrollo de los mercados internacionales de titulización y otros productos, como las cédulas hipotecarias y otras formas de bonos garantizados –*covered bonds*; b) a que las entidades de

---

[18] La construcción de viviendas nuevas pasó de 18.3 millones en 1995 a 25.1 millones en 2007.

[19] El promedio en la zona euro fue de 5.5% del PIB.

crédito pudieron expandir sus balances sin necesidad, en ocasiones, de incrementar su capital en la misma proporción, y c) porque en España el proceso de integración a la Unión Monetaria Europea significó un impulso adicional a la capacidad de endeudamiento de las familias y empresas en tanto el entorno macroeconómico fue más estable y se dio una mayor integración financiera internacional [Navarro, 2010].

A partir del último trimestre de 2008, después de la quiebra de Lehman Brothers, los problemas de solvencia global crearon un ambiente de incertidumbre e inestabilidad en los mercados financieros y una crisis de confianza que endurecieron el crédito y elevaron las primas de riesgo de los títulos corporativos. España no fue inmune a la problemática mundial, el crédito a las familias que había crecido durante los últimos trimestres de la expansión a tasas por encima de 20%, a finales de 2008 creció a una tasa anual de 5%; el crédito a las empresas no financieras, con un máximo de 30% en 2006, disminuyó a 11% en 2008 [Banco de España, 2008].

La contracción del crédito tuvo un efecto negativo en la demanda interna, que sumada a una caída en la demanda externa arrastró a la economía española a la recesión, entonces el consumo de los hogares se deprimió al pasar de 2% en 2007 a –2.2% en 2008. La compra de bienes duraderos fue la que mayor se contrajo y contribuyó a que el PIB sólo alcanzara 0.9%, cuando en años anteriores había estado alrededor de 4% (gráfica 2.1). El otro factor a que se atribuyó la desaceleración de la actividad económica fueron las exportaciones pues aunque crecieron 0.9%, se quedaron lejos del 4.3% registrado en 2007.

En 2009 el estado de la economía se hizo más complejo: la demanda interna se contrajo por la caída del consumo en 4.9%, la destrucción de puestos de trabajo alcanzó -6.7% promedio anual y el número de desempleados aumentó 60.2% [Banco de España, 2009], todo ello ocasionó un menor crecimiento de la economía, el PIB tuvo un decrecimiento de 3.6% (gráfica 2.1).

Para 2010, el menor dinamismo de la actividad económica se agudizó, según el Banco de España, 4.6 millones de personas se encontraban en paro[20] y la tasa de desempleo alcanzó niveles de 20% a inicios del año. Con la desaceleración de la economía y el incremento del desempleo, que significó mayores subsidios, los ingresos del Estado se vieron seriamente afectados y el déficit fiscal alcanzó –11.2% del PIB en 2009 y –9.3% en 2010 (gráfica 2.2).

Ante este escenario de crisis el gobierno español se vio obligado a elevar el gasto público, esto redundó en un aumento de la deuda soberana a 74.3% del PIB en 2010 (gráfica 2.4), y la presión de la Unión Europea no se hizo esperar: se reflejó en un plan de ajuste que comprometió a España a reducir el gasto público en 0.5% del PIB en 2010 (5 mme) y continuar haciéndolo en los años siguientes hasta alcanzar 2.6% del PIB en 2013. Para tratar de lograr este objetivo el Estado español recortó el gasto corriente en 15%, las inversiones en 13%, otros gastos y transferencias en 33%, redujo la oferta de empleo en 4% y los salarios de los empleados públicos [Banco de España, 2010].

Como ocurrió con Grecia y Portugal, las medidas adoptadas no restablecieron la confianza de los mercados, la agencia calificadora Standard & Poor's rebajó la nota de la deuda soberana española de AA[+] a AA con perspectiva negativa por tener dudas sobre el cumplimiento del pacto de estabilidad y crecimiento acordado por los países de la eurozona de reducir el déficit a 3% del PIB para 2013. El gobierno español llevó a cabo las reformas estructurales en el tema laboral, consolidó el plan de austeridad 2010-2013 y permitió la inversión privada en los bancos de ahorro a fin de complementar los procesos de fusión y reestructuración iniciados en 2009 con la aprobación del Real Decreto-Ley 9/2009 o Ley FROB [Banco de España, 2011a].[21]

---

[20] Este dato supone un aumento interanual de 600 mil desempleados.

[21] En 2009, con la probación del Real Decreto-Ley 9/2009 Ley FROB (Fondo de Reestructuración Ordenada Bancaria) se inició un proceso de reestructuración e integración entre cajas de ahorro, ha sido reforzado en dos ocasiones más: el 9 de julio de 2010 se reformó el marco jurídico de las cajas de ahorro por Real Decreto-Ley 11/2010, esto hizo posible que las cajas de ahorro pudieran desarrollar su actividad por medio de un banco, lo que les permitía acceder a los mercados de capitales para reforzar los recursos propios e introducir cambios en su gobernanza. Esta acción fue complementada con

La reforma laboral se centró en fomentar la contratación indefinida, creación de un fondo para pagar indemnizaciones, desincentivar la contratación temporal mediante el establecimiento de plazos máximos de contratación e indemnizaciones progresivas acordadas entre empleadores y empleados; flexibilización de las condiciones laborales en las empresas; modificación de las bonificaciones y pensiones vía elevar la edad de jubilación, y una menor carga o pago por parte de los empresarios en caso de despidos. Las protestas de sindicatos, jóvenes, catedráticos y población en general fueron inmediatas, argumentaron que la reforma no garantizaba reducir el desempleo juvenil ni la temporalidad y no consideraba modificaciones en el mercado laboral.

A pesar de seguir una conducta apegada a los lineamientos del Pacto de Estabilidad y Crecimiento (PEC),[22] el crecimiento de la economía española se desplomó a cero a finales de 2011 y la tasa de desempleo alcanzó 21.5% [Banco de España, 2011b], situación que sumada al agravamiento de la crisis en Grecia contribuyó a la rebaja en la calificación de la deuda de A3 a A1 por la agencia calificadora Moody's.

---

el Real Decreto-Ley 2/2011, consistió en una nueva fase de reestructuración y saneamiento de las cajas de ahorro al introducir un coeficiente de capital de 8 o 10%, según el caso, debía cubrirse con instrumentos de capital principal, y ofrecía el apoyo financiero del FROB materializable mediante suscripción de acciones para entidades que no alcanzaran los niveles mínimos requeridos y no hubieran alcanzado otras alternativas de recapitalización. <http://www.bde.es/webbde/es/secciones/prensa/info_interes/notareformacajas 130711.pdf>.

[22] El pacto de estabilidad y crecimiento es un concierto que alcanzaron los países de la zona euro para preservar su déficit público anual por debajo de 3% y su deuda con respecto al PIB por debajo de 60% (en el capítulo uno hablamos sobre este pacto). El objetivo de este convenio era que las deudas de un determinado país no afectasen a la evolución del euro en los mercados.

Esta cláusula fue impuesta por Alemania al temer que los países del mediterráneo, propensos a un alto nivel de déficit público en las décadas de los años ochenta y noventa, mantuviesen sus niveles de deuda muy elevados y perjudicasen la imagen del euro.

El pacto preveía con sanciones económicas a los países que persistiesen más de un año con un nivel de déficit público superior a 3%, la Comisión Europea iba a ser la institución encargada de velar por su cumplimiento.

Aun cuando el alto endeudamiento privado puso nerviosos a los inversionistas por la posibilidad del cierre de los mercados crediticios que dejara sin capacidad de fondeo a los bancos y la contracción del mercado inmobiliario colocó en posición de riesgo a cajas de ahorro y bancos por el aumento en el inventario de propiedades y su posible depreciación, así como por el mayor riesgo de no pago de créditos, la situación parece menos alarmante que en Grecia y Portugal.

CRISIS DE IRLANDA (TIGRE CELTA)

Existe una gran similitud entre la crisis *subprime* en Estados Unidos y la crisis irlandesa,[23] que detonó por cuatro causales profundos: a) la burbuja inmobiliaria[24] seguida de una crisis bancaria originada por problemas de cartera en el sector financiero como consecuencia de los créditos otorgados a prestatarios con dudosa capacidad de pago; b) la gran ola de flujos de dinero barato proveniente principalmente de Reino Unido, Francia y Alemania (gráfica 2.7), grandes exportadores de capital hacia la periferia de la eurozona; c) las prácticas del gobierno corporativo, y d) la "imprudencia regulatoria",[25] que permite la entrada y salida de capitales sin restricciones [*El País*, 2010a].

En septiembre de 2008, al mismo tiempo que se dio la quiebra del Lehman Brothers, el gobierno irlandés alertó a los mercados financieros sobre la crisis en su país y la poca solidez de sus bancos al intervenir a las seis principales instituciones bancarias y nacionalizar al Anglo Irish Bank, por no poder refinanciar su pasivo a corto plazo [Bloomberg, 2009].

---

[23] La única diferencia entre ambas crisis es la poca importancia de las finanzas exóticas en Irlanda.

[24] Paul Krugman señala que los precios de los bienes inmuebles subieron más de precio en Dublín que en Los Ángeles o Miami, <http://www.elpais.com/articulo/economia/global/espejo/irlandes/elpepueconeg/20100314elpnegeco_4/Tes>.

[25] Las autoridades encargadas de la regulación bancaria hacen caso omiso de la entrada masiva de capital externo.

Gráfica 2.7. Deuda pública de Irlanda por países acreedores 2011
(Porcentajes)

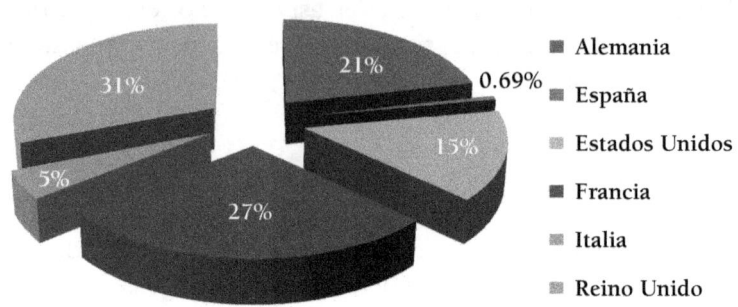

Fuente: BIS, <http://www.bis.org/statistics/index.htm>.

Para entender las dimensiones de la crisis irlandesa debemos examinar el comportamiento de la economía en el periodo 1996-2007, que llevó a un *boom* expresado en el crecimiento del PIB a una tasa de 5.2% en 2007, un crecimiento del empleo cercano a 4%, y un aumento de la población de 20% como resultado del alto nivel de la inmigración, lo cual demandó vivienda e impulsó la especulación en el mercado inmobiliario y financiero que originaría la crisis en 2008 [Connor *et al.,* 2010].

A raíz del estallido de la burbuja inmobiliaria la construcción cayó, los bienes inmuebles se depreciaron en 10% y la tasa de desempleo alcanzó niveles de 11%, esta situación ocasionó que Irlanda, así como había sido la economía con mayor dinamismo en el periodo 2000-2007 en la eurozona, fuera en 2008 el primer país en entrar en recesión: el Tigre celta dejó de rugir y mudó en un felino obediente de los planes de ajuste impuestos por la troika [*El País,* 2009].

Para reducir el déficit fiscal de 14.2% en 2009 y contribuir al saneamiento de la banca comercial, el gobierno redujo su gasto en 5 300 me, recortó el salario de los funcionarios públicos en 15%, amplió la base de contribuyentes del impuesto sobre la renta y modificó varios impuestos.

A diferencia de Grecia, donde la deuda soberana es el talón de Aquiles, en Irlanda el principal problema ha sido la crisis bancaria. En 2009 la cartera vencida de crédito hipotecario en la banca era de 81 mme, lo que llevó al gobierno irlandés a inyectar liquidez al sistema bancario y así reactivar el crédito a las pequeñas empresas, y para no aumentar más el déficit público delegó en la National Asset Management Agency (NAMA), creada con anuencia de la Comunidad Europea, la responsabilidad de garantizar la seguridad y estabilidad del sistema bancario. La institución, para lograr su objetivo y contribuir a superar la recesión, retiró de la banca los activos de mayor riesgo (activos tóxicos).

A pesar de que en 2010 el PIB de Irlanda tuvo un decrecimiento de 0.4%, mucho menor al −3% de 2008 y −7% de 2009 [*El País*, 2010b], la deuda pública externa se colocó en 10 392 millones de euros, razón por la cual las agencias calificadoras Fitch, Moody's y Standard & Poor's rebajaron la calificación de su deuda a A⁺, Aa2 y AA⁻ respectivamente, lo que la colocó en situación de riesgo de insostenibilidad de deuda soberana por el respaldo que el gobierno había dado a la banca comercial.

A finales de 2010 la troika aprobó el rescate de Irlanda, incluyó 85 mme para reestructurar la banca y tratar de sanear las cuentas públicas, esto comprometió a Irlanda a aplicar en 2011 un mayor ajuste para reducir el alto costo de financiamiento de su deuda y recuperar la confianza de los mercados financieros.

En 2011 Irlanda recibe el tercero de los cuatro tramos del rescate aprobado por la troika en 2010 y el gobierno irlandés, encabezado por el conservador Enda Kenny, adopta medidas drásticas: plantea reestructurar el sistema bancario y quedarse con sólo dos grandes bancos; establece un impuesto fijo de 100 euros anuales a cada propietario de una casa; una reducción en el IVA para el sector turismo y ocio, y presenta un plan de austeridad para los siguientes cuatro años. Aún así, el déficit fiscal sólo pasa de 32.4 a 31.3%; el PIB crece a una tasa de 0.4% y la calificadora

Moody's baja la nota de su deuda hasta Ba1 [FMI, Ireland and the IMF, 2011].

En 2012, aun cuando el gobierno ha emitido 30 mme en bonos a 30 años de la Unión Europea mediante el Mecanismo Europeo de Estabilidad Financiera, el panorama económico de Irlanda se mantiene complicado, sin visos de modificarse sustancialmente en el corto plazo.

CRISIS DE DEUDA SOBERANA EN ITALIA

Italia era la única economía de la periferia de la zona euro cuya deuda pública no se había visto arrastrada por la crisis griega, pero a inicios de 2011 los mercados financieros empezaron a manifestar inquietud porque las primas de riesgo de la deuda italiana estaban por encima de los 400 puntos respecto a la alemana. Esto ocasionó la intervención del BCE, que inició a adquirir deuda italiana.

El Tribunal de Cuentas de la Unión Europea señaló que Italia debía reducir su deuda pública en 46 mme para cumplir con el 3% fijado en el Pacto de Estabilidad Europea; se aprobó un plan de ajuste para 2011-2014, esta medida contribuyó a que la prima de riesgo de la deuda italiana aumentara por encima de la española y que la agencia Standard & Poor's rebajara su calificación de A⁺ a A el 20 de septiembre de 2011.

A pesar de la implementación de políticas económicas restrictivas y de que el Parlamento aprobó un segundo plan de ajuste valorado en 57 mme, el cual incluyó elevar el IVA en 1% y reducir los puestos de trabajo en la administración pública, el valor de la deuda alcanzó la cifra de 1.9 billones de dólares, equivalentes a 120% del PIB.

Para las agencias calificadoras Fitch y Moody's (esta última rebajó el rating de A3 a A2 en febrero de 2012) la deuda italiana genera gran incertidumbre en la eurozona debido a que su alto nivel de riesgo se encuentra por encima de los 400 puntos básicos, las altas tasas de interés fijadas a los bonos a diez años de

7.31% (gráfica 2.3), y porque el gobierno deberá saldar en el corto plazo créditos por 91 mme, cuando su crecimiento económico apenas alcanza 1.5% [*Wall Street Jounal*, 2012, 9 de enero; *El País*, 2012c].

CARGA DE LA DEUDA Y LÍMITES FISCALES

Otro problema común en los países periféricos de la eurozona es la pérdida de competitividad de sus bienes y servicios en los mercados internacionales debido al aumento de las tasas de inflación (gráfica 2.8). En este sentido, Paul Krugman señala que la competitividad de las exportaciones españolas cayó por un aumento en los precios[26] y costos que se elevaron respecto a las economías centrales, Alemania y Francia, y como ocurre en las otras economías europeas con altos niveles de déficit público, España tampoco pudo devaluar por no contar con una moneda.

Gráfica 2.8. Inflación
(Promedio anual)

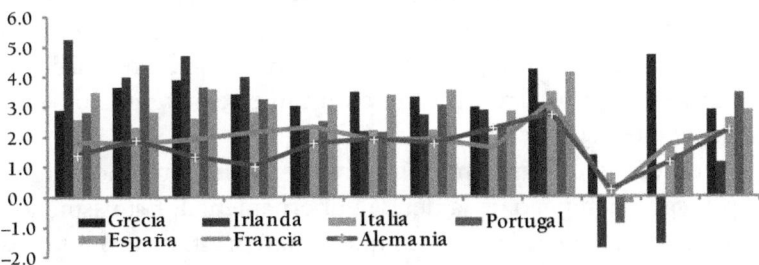

Fuente: FMI, *World Economic Outlook Database*, septiembre 2011.

Esta situación económica de desastre que se vive hoy en los PIIGS obliga a cuestionarnos acerca de cuánta deuda es "sostenible".

---

[26] Los precios de los bienes y servicios se elevaron 35% en España entre 2000 y 2008, mientras en Alemania sólo aumentaron 10 por ciento.

Creemos que en última instancia el nivel de deuda sostenible no depende de una fórmula abstracta o de un cálculo econométrico perfecto, sino de la voluntad de la sociedad y el gobierno de pagar el interés de la deuda y aceptar la reducción del PIB causado por el pago del servicio de la deuda y por las tasas impositivas más altas asociadas con tal carga.

Carga de la deuda

Según el FMI [2011], desde 2006 las tasas de interés han bajado en Estados Unidos y en la zona euro, en parte por la recesión económica que condujo a los inversionistas a comprar títulos del gobierno en dólares y euros como un refugio, y por la tendencia creciente en la acumulación de reservas de muchos gobiernos de países en desarrollo. Sin embargo, el mismo FMI estima que las economías en desarrollo disminuirán sus compras de bonos en las economías avanzadas y que después de 2015 las tasas de interés se incrementarán gradualmente junto con las razones de deuda neta.

Se espera que el incremento acumulativo de las tasas de interés sea más notable en Estados Unidos y Japón, donde las tasas están en niveles muy bajos actualmente, pero también será significativo en Europa. Tres factores explican este incremento de las tasas de interés:

Primero, y quizás el más importante, se ha asumido que no hay riesgo de impago de la deuda gubernamental. Esta asunción es apropiada para los gobiernos que toman prestado en monedas que controlan porque pueden imprimir dinero para pagar sus deudas en caso extremo. Estados Unidos, la zona euro, Japón y la mayoría de los países avanzados y algunos países en desarrollo se endeudan con monedas que controlan; pero los países individuales de la zona euro y muchas economías emergentes se endeudan en monedas que no controlan, y en esos casos el impago se vuelve un riesgo importante cuando los niveles de deuda se incrementan.

Segundo, se asume una inflación baja (constante) y con expectativas estables, pero no se puede predecir cómo afectarán los futuros desarrollos fiscales a la inflación, sobre todo si tenemos en cuenta los incrementos en el costo del servicio de la deuda que están vinculados con la obligación del gobierno de recurrir a la inflación por emisión de dinero.

Límites de la deuda

Un impago de Estados Unidos o de un país grande en Europa es impensable para los *policymakers*; no obstante, los mercados pueden reaccionar ante la posibilidad de que esto ocurra en el largo plazo. Actualmente es muy difícil poner una regla en los límites de préstamo y el prospecto de impago para economías.

La pregunta para el futuro es si los mercados continuarán más preocupados por un nivel de deuda dado en las economías emergentes o por el nivel alcanzado en las economías avanzadas. De acuerdo con el FMI, en muchas economías emergentes las proporciones de deuda a las cuales han sucedido impagos son mucho más bajas que las proporciones de deuda que muchos países avanzados han sostenido por décadas. Estas diferencias en la "intolerancia de deuda" reflejan la calidad de las instituciones y la dinámica de las políticas en cada economía.

Reinhart, Rogoff y Savastano [2003] argumentan que los cambios en la intolerancia de deuda sólo suceden lentamente; destacan a Brasil y Chile como ejemplos de países con crecientes habilidades para resistir la deuda; a la luz del estrés fiscal en Europa, los autores comentan que Grecia tiene la menor tolerancia a la deuda de las economías avanzadas.

Ostry *et al.* [2010] sostienen que el límite estimado de tolerancia a la deuda en las economías desarrolladas se basa en la respuesta de su política fiscal a cambios pasados en el nivel de deuda; por consiguiente, no es sorprendente que los países con un buen récord en el pasado, al dirigirse a problemas en déficit y deuda son capaces de administrar grandes cantidades de deuda sin una crisis financiera.

Aunque los resultados difieren moderadamente entre las economías, Ostry *et al.* [2010] consideran que las proporciones de deuda de alrededor de 200% del PIB son el límite extremo de lo que las economías avanzadas pueden experimentar sin desestabilizarse. Sin embargo, en su estudio asumen que los mercados financieros toleran este nivel de deuda sobre todo porque esperan que los gobiernos tomen acciones en el futuro para reducir esta carga, aunque para ellos el nivel máximo sostenible de deuda es mucho menor a 200% del PIB.

De acuerdo con el Congressional Budget Office [CBO, 2010], el endeudamiento neto federal de Estados Unidos llegó a poco más de 100% del PIB en 1945, a finales de la Segunda Guerra Mundial, y después disminuyó de forma abrupta. De acuerdo con Mares [2010], la deuda del sector público de Reino Unido alcanzó casi 250% del PIB al final de las guerras napoleónicas y la Segunda Guerra Mundial y después disminuyó ampliamente en cada caso. De acuerdo con Reinhart y Rogoff [2010], Holanda después de las guerras napoleónicas y Francia después de la Primera Guerra Mundial tuvieron una deuda gubernamental alta, de alrededor de 250% del PIB, y luego disminuyó muy rápido.

Factores especiales como racionamiento (austeridad) y apelar al patriotismo puede permitirles a los gobiernos administrar deudas altas. Sin embargo, hasta ahora no se conocen proporciones de deuda neta del gobierno por encima de 250% del PIB que no condujeran a un impago o a altas tasas de inflación, y en muchos casos –particularmente en los mercados emergentes– las proporciones de deuda mucho menores a 250% del PIB también llevaron a impago y alta inflación.

Para el FMI, 200% del PIB es un estimado razonable –incluso a veces conservador– de la proporción de deuda neta máxima temporal que en tiempos de paz pueden soportar economías avanzadas, porque tanto Bélgica como Italia han experimentado periodos de más de diez años con proporciones de deuda neta de alrededor de 100% del PIB; sin embargo, para la mayoría de los mercados emergentes las proporciones máximas temporales de deuda neta son sustancialmente menores a 200% y 100% del PIB.

Una manera alternativa de evaluar los límites de la deuda se basa en el nivel de pagos netos de interés que los gobiernos pueden mantener indefinidamente. Un requerimiento mínimo para un nivel de deuda sostenible es que un gobierno debe incrementar de manera suficiente los ingresos por impuestos para pagar el interés de la deuda, además de sus gastos operativos. En otras palabras, una deuda sólo es sostenible en el largo plazo cuando el balance fiscal primario no es negativo, por tanto un nivel más alto de deuda incrementa la carga de los impuestos o reduce los servicios gubernamentales.

De acuerdo con la Organización para la Cooperación y el Desarrollo Económico (OCDE), en las economías avanzadas desde 1980 la participación más alta del gasto del gobierno en el PIB es cercana a 60% y la participación más baja es de 30%. Como principio, el gobierno podría incrementar los ingresos a 60% del PIB y tener un gasto igual a 30% del PIB, dejando 30% del PIB para pagos netos de interés. No obstante, no es probable que tal carga de los pagos sea sostenible porque las características sociales de los países con altos ingresos gubernamentales son diferentes de aquellos con bajos gastos gubernamentales.

Basada en la información disponible, la OCDE afirma que ninguna economía avanzada ha presentado pagos netos de interés por encima de 12% del PIB por año. Bélgica e Italia han experimentado más de diez años consecutivos pagos netos de interés por encima de 9% del PIB, por tanto, un estimado del máximo de pago neto de intereses en economías avanzadas es de 10% del PIB porque las tasas de interés tienden a incrementarse con la proporción de deuda, lo cual hace muy improbable que una proporción de deuda neta de 200% del PIB pueda mantenerse indefinidamente.

Conclusión

Las deudas soberanas son un punto de conflicto en la eurozona en cuanto que pertenecer a la Unión Económica y Monetaria

Europea ha representado costos a los PIIGS, los ha obligado a aplicar medidas de ajuste a fin de controlar las posibilidades de incurrir en impago que amenace la estabilidad de la región sin considerar el deterioro de las condiciones de vida de su población, y los ha conducido a centrar la discusión de su crisis financiera en sostener o abandonar al euro como moneda de reserva e intercambio.

Estas viejas soluciones para problemas nuevos pueden llegar a ser un obstáculo mayor para alcanzar una reestructuración de las deudas soberanas dado que el colateral de los bonos del gobierno, la buena o mala calificación de las agencias y su prima de riesgo se sustentan en su capacidad para cobrar impuestos a sus ciudadanos y en el servicio de sus préstamos, y al aumentar la tasa de desempleo se reduce considerablemente la base tributaria, lo cual por un lado profundiza los problemas presupuestarios y eleva la probabilidad de *default*, y por otro, el riesgo de contagio se potencia por la globalización de los mercados.

El fantasma de la deuda y la crisis bancaria tiene atemorizados a los líderes europeos, someten a sus países a padecimientos que parecen no ser de ayuda en cuanto las economías continúan desplomándose, dando tumbos, la deuda sigue creciendo y las agencias de certificación crediticia siguen rebajando la calificación de las deudas soberanas de las economías de la eurozona.

Como afirma Skidelsky [enero de 2012]: "Para cualquiera que no esté cegado por la locura la explicación de las quiebras bancarias y las rebajas en la calificación de las deudas soberanas es evidente puesto que si el objetivo establecido deliberadamente es la reducción del tamaño del PIB, la relación de la deuda con respecto al PIB está destinada a crecer en cuanto sabemos que la única manera de reducir la deuda de un país (que no sea mediante una moratoria) es conseguir que su economía crezca."[27]

Aun cuando China, como lo expresó el primer ministro Wen Jiabao, aumente su participación en el Mede (Mecanismo Europeo

---

[27] <http://www.project-syndicate.org/commentary/skidelsky49/English>.

de Estabilidad) a 550 mmd de deuda soberana europea[28] y se comprometiera en la última reunión del G20 (junio 2012) a realizar una aportación adicional por 43 mmd al FMI para que la eurozona resuelva su crisis de deuda, los problemas creados por la financiarización de la economía están presentes y como cuestionara Skidelsky en marzo de 2010, ¿quién gobierna, el gobierno o los mercados financieros? No está de más enfatizar que la fragilidad de la economía europea exige un replanteamiento no sólo de la política macroeconómica, sino del equilibrio entre el consumo y la inversión, entre la industria y las finanzas.

BIBLIOGRAFÍA

Banco de España, <www.ecb.int/ecb/html/index.es.html>.
_____ [2008], Informe Anual 2008, disponible en <http://www.bde.es/webbde/SES/Secciones/Publicaciones/PublicacionesAnuales/InformesAnuales/08/inf2008.pdf>.
_____ [2009], Informe Anual 2009, disponible en <http://www.bde.es/webbde/SES/Secciones/Publicaciones/PublicacionesAnuales/InformesAnuales/09/Fich/inf2009.pdf>.
_____ [2010], Informe Anual 2010, disponible en <http://www.bde.es/webbde/SES/Secciones/Publicaciones/PublicacionesAnuales/InformesAnuales/10/Fich/inf2010.pdf>.
_____ [2011a], Notas sobre el proceso de reestructuración de las cajas de ahorros, disponible en <http://www.bde.es/webbde/es/secciones/prensa/info_interes/notareformacajas130711.pdf>.
_____ [2011b], Boletín Económico, diciembre de 2011, disponible en <http://www.bde.es/webbde/SES/Secciones/Publicaciones/InformesBoletinesRevistas/BoletinEconomico/11/Dic/Fich/be1112.pdf>.

---

[28] China considera trabajar con el FMI para ayudar a apuntalar las finanzas de Europa y está dispuesta a abandonar las condiciones que hasta ahora han hecho poco atractiva su propuesta de ayuda para las naciones europeas. <http://www.nytimes.com/2012/02/03/business/global/china-considers-offering-aid-in-europes-debt-crisis.html>.

_____ [2012], Informe del Banco de España, en Boletín Económico 06/2012, disponible en <http://www.bde.es/webbde/ es/secciones/informes/boletines/Boletin_economic/anoactual/>, consulta realizada el 20 de julio de 2012.

Banco de Grecia [2008], Annual Report 2008, disponible en <http://www.bankofgreece.gr/Pages/en/Publications/GovReport.aspx?Filter_by=8&Year=2008>.

_____ [2009], Annual Report 2009, disponible en <http:// www.bankofgreece.gr/Pages/en/Publications/GovReport. aspx?Filter_by=8&Year=2009>.

_____ [2010], Annual Report 2010, disponible en <http:// www.bankofgreece.gr/Pages/en/Publications/GovReport. aspx?Filter_by=8&Year=2010>.

_____ [2011], Annual Report 2011, disponible en <http:// www.bankofgreece.gr/Pages/en/Publications/GovReport. aspx?Filter_by=8&Year=2011>.

Bloomberg [2009], "Anglo Irish Bank Nationalized Following Loan Scandal", disponible en <http://www.bloomberg.com/ apps/news?pid=newsarchive&sid=a9uv0GkxuLys>, 16 de enero.

Blundell-Wignall, Adrian y Patrick Slovik [2011], "A Market Perspective on the European Sovereign Debt and Banking Crisis", en OECD *Journal Financial Market Trends*, 2010 (2), febrero, disponible en <http://www.oecd.org/datoecd/ 19/9/46970598.pdf>.

BIS, disponible en <http://www.bis.org/statistics/index.htm>.

CEPAL [2010], *Estudio Económico de América Latina y El Caribe. Impacto distributivo de las políticas públicas*, Santiago de Chile, CEPAL.

CBO [2010], Federal Debt and Interest Cost, disponible en <http://www.cbo.gov/doc.cfm?index=11999>, consulta realizada el 10 de enero de 2011.

Connor, Gregory *et al.* [2010], "The U.S. and Irish Credit Crises: Their Distinctive Differences and Common Features", en *Irish Economy*, nota núm. 10, marzo, disponible en <http:// www. irisheconomy.ie/Notes/IrishEconomyNote10.pdf>.

Connor, Gregory y Brian O'Kelly [2010], "Sliding Doors Cost Measurement: A Restrictive Approach to Analyzing the Net Economic Cost of Policy Decisions and an Application to Irish Financial Regulation", en *Irish Economy*, nota núm. 12, noviembre, disponible en <http://www.irisheconomy.ie/Notes/IrishEconomyNote12.pdf>.

ECB, disponible en <www.ecb.m/ecb/html/index.es.html>.

El Financiero [2012], "China, epicentro del sismo bursátil", edición impresa, 6 de marzo de 2012.

_____ [2012b], "FMI revisa a la baja previsión del PIB de Grecia 2012", disponible en <http://www.elfinanciero.com.mx/index.php?option=com_k2&view=item&id=10020&Itemid=26>, sección finanzas, consulta realizada el 16 de marzo de 2012.

El País [2009], "El 'tigre celta' pierde la garra. La recesión ataca con dureza a Irlanda tras una década de milagro económico", disponible en <http://www.elpais.com/articulo/economia/tigre/celta/pierde/garra/elpepieco/20090410elpepieco_8/Tes>, consulta realizada el 10 de octubre de 2010.

_____ [2010a], "El espejo irlandés", disponible en <http://www.elpais.com/articulo/economia/global/espejo/irlandes/elpepueconeg/20100314elpnegeco_4/Tes>, consulta realizada el 22 de octubre de 2010.

_____ [2010b], "Avances en la recuperación de Irlanda", disponible en <http://www.elpais.com/articulo/economia/global/Avances/recuperacion/Irlanda/elpepueconeg/20100411elpnegeco_8/Tes>, consulta realizada el 22 de octubre de 2010.

_____ [2010c], "Moody's rebaja dos peldaños la calidad de la deuda de Portugal", disponible en <http://www.1001portails.com/elpais-com-rss-html-f-9693-7375063-moody-s-rebaja-dos-pelda%F1os-la-calidad-de-la-deuda-de-portugal.html>, consulta realizada el 22 de octubre de 2010.

_____ [2012a], "Grecia agudiza su crisis con una caída del PIB del 7% en el último trimestre de 2011", disponible en <http://economia.elpais.com/economia/2012/02/14/actualidad/1329224209_358918.html>, consulta realizada el 14 de octubre de 2012.

_____ [2012b], "China promete colaborar en la solución de la crisis europea de deuda", disponible en <http://internacional.elpais.com/internacional/2012/02/14/actualidad/1329220273_877916.html>, consulta realizada el 14 de febrero de 2012.

_____ [2012c], "Moody's baja calificación Italia-Portugal-España", disponible en <http://www.ansa.it/ansalatina/notizie/rubriche/italia/20120214112335382423.html>, consulta realizada el 14 de febrero de 2012.

_____ [2012d], "El plan para la quita bancaria", edición impresa, 9 de marzo, 2012.

Eurostat Home, disponible en <http://epp.eurostat.ec.europa.eu/portal/page/portal/eurostat/home/>.

Eurostat Statistics, disponible en <http://epp.eurostat.ec.europa.eu/portal/page/portal/statistics/themes>.

FMI [2009], "La lucha contra la crisis mundial", Informe Anual 2009, disponible en <http://www.imf.org/external/spanish/pubs/ft/ar/2009/pdf/ar09_esl.pdf>, consulta realizada el 5 de septiembre de 2010.

_____ [2010a], "El Directorio Ejecutivo del FMI Aprueba un Acuerdo Stand-By por €30 000 millones a favor de Grecia", comunicado de prensa núm. 10/87, disponible en <http://www.imf.org/external/spanish/np/sec/pr/2010/pr10187s.htm>.

_____ [2010b], "El FMI aprueba préstamo por $30 000 millones a favor de Grecia en el marco de los procedimientos para proporcionar financiamiento de manera acelerada", en Boletín Digital del FMI, disponible en <http://www.imf.org/external/spanish/pubs/ft/survey/so/2010/new050910as.pdf>, consulta realizada el 5 de septiembre de 2010.

_____ [2011], *World Economic Database*, septiembre.

_____ Country Report Greece (varios años), disponible en <http://www.imf.org/external/country/grc/index.htm>.

_____ Country Report Irish (varios años), disponible en <http://www.imf.org/external/country/IRL/index.htm>.

_____ Country Report Italy (varios años), disponible en <http://www.imf.org/external/country/ITA/index.htm>.

_____ Country Report Portugal (varios años), disponible en <http://www.imf.org/external/country/PRT/index.htm>.

_____ Country Report Spain (varios años), disponible en <http://www.imf.org/external/country/ESP/index.htm>.

Furcery, Davide y Aleksandra Zdzienicka [2011], "How Costly Are Debt Crises?, IMF Working Paper, Washington, diciembre.

Keeley, Brian y Patrick Love [2011], *De la crisis a la recuperación*, México, OCDE-UNAM-IIEC, Esenciales OCDE.

Krugman, Paul [2009], *The Return of Depression Economics and the Crisis of 2008*, Londres, Allen Lane.

_____ [2010], "La creación de un eurocaos", disponible en http://elpais.com/diario/2010/02/16/economia/1266274805_850215.html, consulta realizada el 16 de febrero de 2010.

Marès, Aranaud [2010], "The Dangers of Big Government Debt", disponible en <http://www.realclearmarkets.com/articles/2010/08/27/the_dangers_of_big_government_debt_98642.html>, consulta realizada el 12 de octubre de 2010.

Minsky, Hyman [1986], "Global Consequences of Financial Desregulation", Washington University, Department of Economics, Serie Documentos de trabajo núm. 96, septiembre.

Navarro, Vincenç [2010], "El capital financiero y su supervisor (el Banco de España) son responsables del elevado desempleo", disponible en <http://www.vnavarro.org/?p=5145.2010c>.

The New York Times [2012], "China Weighs Helping a European Debt Rescue", disponible en <http: //www.nytimes.com/2012/02/03/business/global/china-considers-offering-aid-in-europes-debt-crisis.html>, consulta realizada el 3 de febrero de 2012.

Ostry, Jonathan D. *et al.* [2010], "Fiscal Space", IMF Staff Position Note, Washington, IMF, 1 de septiembre.

Reinhart, C., K. Rogoff y Savastano [2003], "Debt Intolerance", NBER Documento de trabajo núm. 9908, National Bureau of Economic Research, Cambridge, Massachusetts.

_____ [2010], "Growth in a Time of Debt", *American Economic Review*, 100(2): 573-578.

Roubini, Nouriel [2012], "Greece's Private Creditors Are Actually Getting Lucky In The Second Bailout", en *Financial Times*, 7 de marzo.

Sala i Martin, Xavier [2010], "En España viene un segundo tsunami sobre los bancos", en *Economía y Negocios*, disponible en <http://www.economiaynegocios.cl/noticias/noticias.asp?id=75151>, consulta realizada el 10 de enero de 2012.

Skidelsky, Robert [2010], "Once Again We Must Ask: Who Governs?", en *Financial Times*, disponible en <http://www.skidelskyr.com/site/view/financial-times/P5/>.

———— [2012], disponible en <http://www.project-syndicate.org/commentary/skidelsky49/English>.

———— [2012], "Does debt Matter?", en Project Syndicate, 20 de enero, disponible en <http://www.project-syndicate.org/commentary/skidelsky49/English>, consulta realizada el 2 de febrero de 2012.

Skidelsky, Robert y Marcus Miller [2010], "Do not rush to switch off the life support", en *Financial Times*, Londres, 4 de marzo, disponible en <http://www.ft.com/intl/cms/s/0/cd92f020-272c-11df-b84e-00144feabdc0.html#axzz1lLi8HPIH>, consulta realizada el 10 de abril de 2010.

Stiglitz, Joseph [2010], *Caída libre. El libre mercado y el hundimiento de la economía mundial*, México, Taurus.

Unión Europea [2010], Tratado de Funcionamiento de la Unión Europea, Versión Consolidada, Diario Oficial de la Unión Europea, disponible en <http://eur-lex.europa.eu/LexUriServ/LexUriServ.do?uri=OJ:C:2010:083:0047:0200:es:PDF>, consulta realizada el 26 de enero de 2012.

Wall Street Journal [2012], disponible en <http://online.wsj.com/article/SB10001424052970204124204577151042395503760.html>, 9 de enero.

DE LAS QUIEBRAS BANCARIAS
A LA CAPITALIZACIÓN
DE LOS BANCOS

INTRODUCCIÓN

Las quiebras bancarias en Europa afloraron en la medida en que se iba evidenciando la profundidad de la crisis y los circuitos financieros europeos hondamente integrados entre sí, y entrelazados con los circuitos financieros internacionales presentaron un panorama de incertidumbre a partir de la volatilidad de los indicadores bursátiles a mediados de 2007. Las primeras manifestaciones en los mercados financieros fueron resultado del proceso de titulización y la financiarización, por tanto se afirma la confluencia de dos manifestaciones estructurales en la zona monetaria del euro y en los pilares de la política monetaria ejercida por el Banco Central Europeo (BCE) desde su nacimiento y conformación.

La caracterización de la crisis europea se manifiesta en dos niveles estrechamente unidos: la relación de causalidad entre los procesos de titulización y financiarización a partir de la desregulación y liberalización financiera. Asimismo, como parte de la expansión de los mercados de capitales, la crisis de los PIIGS (Portugal, Irlanda, Italia, Grecia y España, por sus siglas en inglés) se distingue por el fortalecimiento de las instituciones bancarias en las operaciones fuera de balance, el poderío de los inversionistas institucionales, la importante dinámica de las agencias calificadoras y del ejercicio del crédito en los mercados financieros por conseguir mayores tasas de rentabilidad.

La zona euro ha sido acosada por dos crisis totalmente interrelacionadas: primero, una crisis de deuda soberana exacerbada por su titulización que generó una recesión, las transferencias de ayuda a los bancos y en algunos casos el manejo deshonesto de la política fiscal; y, segundo, una crisis bancaria ocasionada por la financiarización de la economía que reportó pérdidas de valores en los mercados de capitales, incluidos los títulos *subprime* y otros productos estructurados, como también los problemas ocasionados por el elevado endeudamiento de los hogares y el *boom* en los mercados hipotecarios en Estados Unidos y en países de la Comunidad Económica Europea, principalmente en Irlanda y España.

El objetivo de este capítulo es presentar cómo algunos bancos europeos tienen participaciones en los títulos financieros emitidos y negociados. Estos bancos como prestamistas se volvieron incapaces de proporcionar continuamente los niveles de crédito requeridos para pagar sus deudas, razón por la cual hubo pérdidas a la vez que se dieron disminuciones en las calificaciones de títulos respaldados en activos y otros instrumentos estructurados.

El valor de los mercados para títulos respaldados en activos cayó; a falta de transparencia, compradores potenciales de títulos estructurados complejos se encontraron en dificultades para calcular su valor y dejaron de confiar en la reputación de los emisores y de las evaluaciones de las agencias calificadoras. Las brechas de información sobre la composición de los instrumentos se hicieron más importantes conforme caían los precios y la calidad del crédito bajaba aún cuando la liquidez del mercado se vio menoscabada.

Nótese que en este nuevo ambiente los bancos, tradicionalmente conocidos por su pericia especial para conseguir y producir información, se hicieron cada vez más dependientes de las valuaciones de las agencias calificadoras. La externalización de esta función ha probado ser menos que satisfactoria y en este contexto los reportes de las pruebas de estrés son alarmantes.[1]

Primera etapa del *crash* bancario

Minsky en su hipótesis de inestabilidad, fundamentada en la fragilidad de los mercados financieros, reconoce que los periodos largos de estabilidad económica llevan a los inversionistas a asumir riesgos en forma creciente y a los bancos y empresas a apalancarse de manera excesiva.

Minsky también advirtió que en tiempos de prosperidad se desarrolla una euforia especulativa que hace aumentar el volumen de crédito hasta que los beneficios producidos no pueden pagarlo, este momento de impago desata la crisis: y el resultado es una contracción del crédito incluso para las personas y empresas que sí pueden pagar, una descomunal falta de liquidez en el mercado y los bancos dejan de prestarse entre ellos, es el momento en que el *credit crunch* transforma la crisis financiera en crisis económica.

El inicio convencional de la crisis financiera es la paralización de los mercados de capitales por la pérdida de los valores. En agosto de 2007, a medida que los inversionistas empezaron a

---

[1] Las pruebas de resistencia o estrés consisten en simulaciones hechas sobre el papel acerca de la capacidad de los bancos y cajas de ahorro para enfrentarse a un deterioro general de la economía y algunas de sus secuelas como un aumento del desempleo, el impago de créditos y la devaluación de sus inversiones. Las consecuencias de todo ello son las mismas: recorte del volumen de negocios y aparición de las pérdidas, particularmente en la cartera de crédito, pero también por el deterioro de activos como los inmobiliarios.

La clave es que los bancos superen estos escenarios adversos con un mínimo nivel de solvencia, que se mide a partir del indicador *Tier 1* (Nivel 1). Este coeficiente es uno de los que mide la solvencia de los bancos. En este caso computa lo que cada banco tiene en capital más reservas, beneficios no distribuidos y participaciones preferentes perpetuas (o cuotas participativas en el caso de las cajas) para hacer frente a los activos –créditos concedidos, acciones y otras inversiones– de riesgo. Esto es, el dinero que tienen garantizado, sus recursos propios, frente a aquel comprometido en alguna inversión no del todo fiable. Para este ejercicio teórico, los supervisores han fijado un mínimo de *Tier 1* de 6%. Cuanto mayor es este porcentaje, mayor es la solvencia.

darse cuenta de la magnitud de la burbuja inmobiliaria de las hipotecas *subprime* en Estados Unidos cayeron los valores con garantía de activos, esto tuvo un impacto muy negativo en los bancos que se habían financiado con vehículos financieros fuera de balance, como los fondos de pagarés respaldados por activos o Asset-Backed Commercial Paper (ABCP) y otros vehículos especiales de inversión.[2]

En Europa los desarrollos bancarios empezaron a tener un componente transfronterizo muy importante, reflejo de la magnitud de la integración bancaria en la eurozona y de la relación con bancos estadounidenses, por consiguiente, las consecuencias inmediatas fueron: la caída de las principales bolsas (gráfica 3.1) y el colapso de dos bancos alemanes con muchos *fondos* ABCP domiciliados en Irlanda, el Banco Alemán Industrial (IKB) y el Sachsen Landesbank, luego rescatados por entidades bancarias públicas, y muchas grandes empresas de servicios financieros sufrieron grandes pérdidas contables por la amortización de títulos que tenían inscritos dentro o fuera de balance. El BCE reaccionó inyectando liquidez en grandes proporciones y mostró ser un prestamista de última instancia que puede tomar medidas con suficiente rapidez en aras de garantizar la liquidez del sistema bancario.

En un contexto de fragilidad bancaria y turbulencia financiera los fondos soberanos de inversión asiáticos, del Medio Oriente, comenzaron en el invierno 2007-2008 a invertir en la eurozona para solidificar la base patrimonial de algunos gigantes financieros con problemas. Sin embargo, no detuvieron ni el deterioro del mercado ni el incremento de la volatilidad, que se manifestó en la retirada masiva de depósitos en el banco Northern Rock y

---

[2] Los bancos crearon *conduits* o vehículos especiales de inversión que son entidades vinculadas a los bancos pero jurídicamente independientes de ellos. Esos *conduits* compraban los títulos (por ejemplo *subprimes*), razón por la cual éstos no estaban en los balances de los bancos. Además, los bancos se prestaron unos a otros utilizando como garantías esos títulos.

pérdidas en el banco Bradford & Bingley, ambos, de Reino Unido,[3] y la pérdida multimillonaria del banco francés Société Générale a inicios de 2008, punto culminante de la primera fase de la crisis bancaria en la zona euro.

Gráfica 3.1. Índice de bolsas de valores seleccionadas (Valores al cierre)

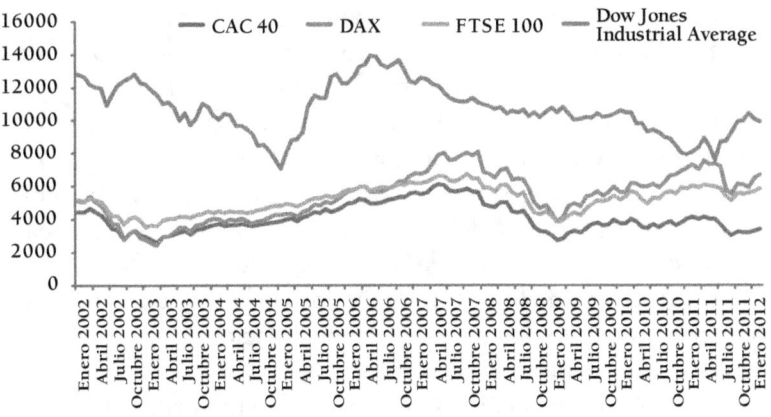

Fuente: Morningstar, Inc.

Segunda etapa del *crash* bancario

Después de considerarse a mediados de 2008 que el impacto de la crisis sobre el crecimiento y el empleo en la Unión Monetaria Europea (UME) sería limitado, todo cambió a partir de la nacionalización de Fannie Mae y Freddie Mac y el colapso de Lehman Brothers en septiembre de ese mismo año.

En Reino Unido el gobierno aprobó la fusión de emergencia entre Lloyds TSB y el HBOS (Halifax Bank of Scotland), y en Alemania el gobierno respaldó con 100 mil millones de euros (mme)

---

[3] Tras esta situación el Bank of England (BoE) alineó en lo esencial su política de liquidez con la postura del BCE.

al banco Hypo Real Estate (HRE), aunque también otros bancos como, KfW Bankengruppe, WestLB y Deutsche Bank fueron afectados. A raíz de estos problemas se lanza en Europa el European Economic Recovery Plan con un paquete de rescate de 200 mme, equivalentes a 1.5% del PIB de la Unión Europea [Comisión Europea, 2009: 1].

La segunda ola de pánico bursátil que alcanzó a la UME comenzó a finales de 2009, cuando los países que anteriormente habían conformado la Unión Aduanera y Económica (Benelux): Bélgica, Países Bajos, Luxemburgo y Francia, rescataron a dos grandes bancos con sede en Bruselas, el Fortis y el Dexia.

Mientras que el gobierno holandés nacionalizó las operaciones de Fortis en su territorio, las operaciones de este banco en Bélgica y Luxemburgo fueron vendidas a BNP Paribas mediante un proceso legal fuera del régimen de resolución especial para bancos en quiebra, fue una de las combinaciones transfronterizas más importantes de la historia bancaria de la UME que puede ser vista como un caso de inversión y consolidación de la integración bancaria transfronteriza en la región.

Además, los principales bancos de Islandia fueron puestos bajo administración judicial[4] y las cuentas *online* que habían

---

[4] Islandia obligó a los tenedores de obligaciones a sufragar el hundimiento del sistema bancario. Esta medida redundó en que los contribuyentes de Islandia tienen que cargar con una deuda menor que la de sus homólogos de los PIIGS. El gobierno de Islandia afirmó no tener otra opción que permitir que las entidades crediticias quebrasen. Antes de su hundimiento, los bancos tenían unas deudas que equivalían a diez veces el PIB islandés de 12 mil millones de dólares. "Tratar de rescatar un sistema bancario que es demasiado grande supone una carga tremenda", explicaba el ministro de Economía Steingrimur Sigfusson en una entrevista en Oslo. "Ni siquiera nos planteábamos rescatar los bancos; eran excesivamente grandes".

El tratamiento dado por la UME a las sucursales de bancos comerciales, supervisadas por autoridades nacionales de acuerdo con la normatividad en la zona euro, al garantizar sus depósitos por medio de organismos de protección de depósitos del ámbito nacional, ha sido cuestionado ampliamente después del caso islandés por lo siguiente:

La base legislativa e infraestructura institucional del marco de gestión de las crisis bancarias transfronterizas son muy débiles, por tanto peligra la sostenibilidad de la integración bancaria transfronteriza en la eurozona. Los actuales acuerdos entre país de origen y país anfitrión en las sucursales bancarias determinan si la posición competitiva vendido en el extranjero fueron congeladas en Reino Unido con base en la Ley sobre Seguridad, Crimen y Antiterrorismo de 2001, disputa que no ha sido resuelta.

Ante este escenario de temor e incertidumbre varios Estados miembros elevaron el tope de garantías sobre depósitos bancarios en sus territorios, acción realizada sin coordinación.[5] En el caso de Irlanda, se estableció inicialmente que fueran ilimitadas las garantías para los bancos nacionales, pero la Comisión Europea intervino para garantizar un tratamiento igualitario a los bancos de propiedad extranjera una vez que el gobierno intervino a las seis instituciones bancarias más grandes del país. Nacionalizó al Anglo Irish Bank, al no poder refinanciar su pasivo a corto plazo. Todos los depositarios y propietarios de bonos *senior*[6] (los acreedores de los bancos irlandeses) fueron garantizados por el Estado, socializando así el costo total del rescate de los bancos, estimado en 70 mme sin contabilizar los pasivos contingentes.

A finales de 2009 el gobierno británico anunció un plan integral que combinaba recapitalización de la banca, garantías, y provisión de liquidez para asegurar que ninguna institución financiera

---

de un banco en la zona euro es más o menos dependiente de la capacidad fiscal de su país de origen. Desde esta perspectiva, los bancos grandes con sede en países pequeños o fiscalmente frágiles son considerados como demasiado grandes para ser rescatados y no demasiado grandes para ir a la quiebra (éste fue el criterio adoptado por el gobierno islandés). De este modo, los bancos grandes con sede en países pequeños están comparativamente en desventaja respecto a sus competidores con sede en países más grandes o fiscalmente fuertes. Aplicando estos criterios de regulación, cualquier escenario de gestión de crisis transfronteriza depende de la negociación entre Estados miembros de cómo repartir las cargas en caso de ser necesario un gasto público en su rescate. Véase *El País* [2012], "Dos islas hundidas por la banca", disponible en <http://elpais.com/diario/2010/12/05/economia/1291503603_850215.html>.

[5] Estas acciones descoordinadas y unilaterales de los gobiernos de los países miembros de la UME han puesto en entredicho el marco establecido en la región para gestionar los asuntos transfronterizos de estabilidad bancaria basada en la cooperación voluntaria entre autoridades nacionales bajo memorándums de entendimiento no obligatorios, promesas de compartir información y la creación de organismos supervisores. Estos mecanismos, de estatus prominente en las iniciativas para la estabilidad financiera en la zona euro antes de la crisis, han sido considerados poco eficaces en las circunstancias actuales.

[6] En caso de liquidación o quiebra del emisor de bonos, los tenedores de bonos *senior* tienen mayor prioridad.

importante se declarara insolvente. En consecuencia, anunció una recapitalización de recursos del Royal Bank of Scotland (RBS), el Lloyds y el HBOS, y esto lo convirtió en el accionista controlador de una gran parte del sector bancario del Reino Unido.

Los 17 países miembros de la eurozona adoptaron unánimemente dichas medidas y muchos de ellos llevaron a cabo recapitalizaciones bancarias por medio de una combinación de deuda subordinada,[7] acciones preferenciales sin derecho de voto y, en unos cuantos casos, valores con derecho a voto.

Adicionalmente, Reino Unido, Italia, Suecia y Bélgica han legislado sobre una posible regulación de los derivados negociados en los mercados extrabursátiles –*over the counter*– y regímenes de resolución especial que posibiliten una gestión más eficaz de bancos en quiebra en el ámbito nacional; Reino Unido, Francia, Suecia y Alemania han introducido en sus cambios normativos un impuesto temporal sobre los bonos de comercio y un posible incremento de la tributación de las entidades financieras con el fin de desalentar los incentivos para la asunción de riesgos.

Pruebas de estrés (*stress tests*)

Entre 2009 y la primera mitad de 2010, la estructura del mercado bancario europeo no sufrió cambios de magnitud comparable con los dos años anteriores; sin embargo, las autoridades nacionales de los países miembros de la zona euro aplicaron "pruebas de resistencia" –*stress tests*– a los bancos sistémicamente importantes[8] bajo la coordinación del Comité de Supervisores Bancarios

[7] Títulos cuyo cobro de intereses y principal está supeditado a que se satisfagan las obligaciones derivadas de otras deudas preferentes, por lo que dado el elevado riesgo crediticio se fija un tipo de interés superior. Generalmente son títulos de renta fija emitidos por una entidad con recursos propios y su rentabilidad está subordinada a los beneficios de la entidad emisora. En caso de quiebra, los titulares son acreedores de último rango. Estos títulos no pueden ser amortizados anticipadamente y no son adquiribles por la propia entidad emisora.

[8] Es necesario mencionar que las autoridades de la UME han sido reticentes a evaluar de manera sistemática a los bancos importantes mediante un proceso público comparable,

Europeos (CEBS), y aunque no se reveló cuál era el objetivo ni se hicieron públicos los resultados, Blundell-Wignall y Atkinson [2010] apuntan que excluyendo el *shock* soberano, un número importante de los 91 bancos incluidos en la prueba no generaron suficientes pérdidas u otras presiones adversas.

Muchos de los impagos fueron cubiertos, en algunos casos las pérdidas netas fueron pequeñas, con excepción de: las cajas de ahorro y pequeños bancos en España, el RBS, ABN/Fortis, Hypo Real Estate, Dexia, bancos pequeños en Portugal, y dos grandes bancos irlandeses.

Solamente siete de los 91 bancos no pasaron el *test stress* (cayeron por debajo de 6% del *Tier* 1 de capital); no obstante, la prueba no dio luz sobre qué tan adecuado es el capital para funcionar como amortiguador y absorber pérdidas ya que esto no fue puesto a prueba. Para el sistema como un todo e individualmente para la mayoría de los bancos, el *Tier* 1 de capital realmente se incrementa en los escenarios adversos.

Dado que el escenario de prueba está diseñado en el supuesto de una hoja de balance constante, no es claro lo que está siendo probado además de la sensibilidad de las políticas regulatorias, y si el capital se incrementa conforme el ingreso excede a las pérdidas; mientras la hoja de balance no es modificada, debería incrementarse una proporción de capital, pero la proporción del *Tier* 1 en realidad baja en 0.7% para el sistema como un todo debido al incremento de las mediciones de riesgo.

Esto refleja las características procíclicas introducidas en Basilea II, que incrementan los activos de riesgo ponderado por el EUR 824bnr.[9] Esta inhabilidad del sistema de no dirigirse a una cantidad razonable de estrés que requeriría nuevo capital ya ha sido sobrepasada en los eventos reales.

En general, la prueba reportó que los bancos europeos no están bien capitalizados como sí lo están los estadounidenses.

---

el cual ha sido descrito como *triaje* (sistema para mejorar la calidad de los servicios, optimizar recursos y aumentar la satisfacción de los usuarios).

[9] Bonos de la eurozona de valor acumulativo de 824 euros bnr.

Esto se debe en parte a la ausencia del requerimiento de una proporción de apalancamiento en Europa, a una razón donde las autoridades en cambio se basan en el sistema de Basilea III,[10] el cual sólo aplica requerimientos de capital a los activos de riesgo ponderado sin hacer referencia a la proporción que guardan respecto al total de los activos en los bancos; en cambio, los bancos de Estados Unidos redujeron sistemáticamente la proporción de los activos de riesgo ponderado respecto al total de los activos por medio de la aplicación de una variedad de técnicas antes de la crisis e incrementaron el apalancamiento a niveles muy elevados.

Los activos de riesgo ponderado de los 91 bancos probados significan sólo 40% del total de los activos bancarios (y mucho menos que esto en algunas instituciones financieras grandes de Estados Unidos), esto permite contemplar que dentro del 60% restante de activos no evaluados es posible encontrar a los Landesbank (bancos regionales) alemanes, los cuales por lo general no tienen estándares elevados de presentación de estadísticas financieras y pueden estar débilmente capitalizados frente a probables pérdidas futuras.

Frente a estas condiciones, la Unión Europea entre 2008 y 2010 introdujo cambios en su Directiva sobre Requisitos de Capital, se impuso una retención de 5% a los títulos de riesgo negociados por los operadores del proceso de titulización. Además, se inició una revisión de la arquitectura financiera por medio de la Comisión Europea [2009a], la institución recomendó al Consejo de Jefes de Estado y de Gobierno crear una Junta Europea de Riesgo Sistémico (ERSB, por sus siglas en inglés), la cual estaría encargada de dirigir una supervisión macroprudencial, y en la que el BCE llevaría a cabo un papel destacado.

También se aprobó el establecimiento de tres organismos supervisores con autoridad para sustituir a los comités Lamfalussy

---

[10] El Comité de Basilea, en diciembre de 2009, publicó un conjunto de propuestas de reforma en que se incluía una definición más estricta de capital regulador y opciones tentativas de introducir amortiguadores anticíclicos en la futura regulación de capitales, en Basilea III [Basel Committee on Banking Supervision, diciembre de 2010, consultado en junio de 2011], disponible en <http://www.bis.org/publ/bcbs189_es.pdf>.

de nivel 3 establecidos en 2001-2004 con presupuesto y persona-
lidad legal autónoma, que entre sus tareas tenían: a) formar un
reglamento europeo único, b) contaban con poderes vinculantes
en determinadas situaciones, y c) contaban con una Junta Super-
visora con potestad para la toma de decisiones por votación
simple o mayoría calificada.

Como aún falta mucho por debatir y gestionar sobre una nueva regulación financiera con carácter global, por ahora una mayor
transparencia sobre la situación real de los bancos estadounidenses ayudaría a disipar dudas en los mercados financieros. Justo
porque los mercados financieros están considerando el riesgo de
reestructurar fondos soberanos y los precios de los certificados
de la deuda bancaria en el mercado secundario han comenzado a
caer de nuevo, particularmente en Irlanda y España, donde la crisis
hipotecaria pudo haber exacerbado presiones sobre los bancos,
éste es especialmente el caso de los bancos de Irlanda y para las
cajas de ahorro y bancos pequeños españoles y portugueses.

El mercado se ha preocupado cada vez más de que los bancos en Irlanda y en España puedan requerir futuras inyecciones
de capital para compensar las pérdidas relacionadas con las hipotecas no consideradas por la prueba de estrés. Al mismo tiempo, la
exposición de algunos bancos a los temores del mercado respecto a la reestructuración de la deuda soberana de los cinco países:
Portugal, Irlanda, Italia, Grecia y España (PIIGS) requeriría un
incremento en el capital para actuar como un absorbente de
shock, por lo que ambos grupos de temores pueden tener algún
potencial para impactar la política fiscal, como ya se ha visto en
el caso reciente en Irlanda.

IRLANDA Y LA CRISIS BANCARIA

En 2006, antes del estallido de la crisis financiera global, el sistema bancario de Irlanda ya mostraba signos de fragilidad debido
a que una acelerada expansión crediticia originada por los grandes flujos de capital provenientes de Alemania y Francia había

mantenido negativos los tipos de interés real durante buena parte de la primera década del presente siglo. Esta oleada de capital hacia Irlanda y otros países periféricos de la eurozona se debió al débil comportamiento de la economía alemana y en menor medida de la francesa.

A este entorno se sumó la caída de las tasas de inversión en Alemania y la consolidación de las cuentas fiscales en los países miembros de la UME (suponían menor necesidad de endeudamiento), lo cual provocó un incremento significativo de la oferta de liquidez en los mercados financieros de Europa. Este exceso de liquidez se orientó hacia los países periféricos con altas tasas de crecimiento y grandes necesidades de financiamiento.

En el caso de Irlanda, la demanda de fondos líquidos fue muy fomentada porque la integración a la UME permitió a los bancos irlandeses acudir a los mercados de capitales europeos para obtener entre 35 y 53% de su financiamiento sin tener problemas por riesgo cambiario. Así, los activos totales bancarios crecieron aceleradamente entre 2003 y 2007, las cifras nominales presentadas por el Anglo Irish Bank pasaron de 25 520.1 millones de euros (me) a 91 097 me, es decir, casi se cuadruplicaron.

En tanto, la deuda de los hogares alcanzó 75% del PIB en 2005 y las operaciones de los bancos se focalizaron en el sector inmobiliario, siendo que del total del crédito bancario 57.5% en 2005 se había concentrado en un pequeño número de promotores inmobiliarios; por tanto, cuando detona la crisis de 2007 en Estados Unidos la banca irlandesa se había fragilizado por ser deficitaria, déficit cubierto en el mercado interbancario europeo y que al final ocasionó su extrema vulnerabilidad.

Como fue señalado líneas arriba, la crisis en principio de liquidez generó pérdida de confianza en los operadores financieros y exigió reducir los balances bancarios, por lo que se redujo el financiamiento a familias y empresas, esto derivó inicialmente en altos índices de morosidad y después en una crisis de solvencia. El gobierno irlandés reaccionó con la creación de la National Asset Management Agency (NAMA) o "banco malo" con la finalidad de sanear los balances.

La adopción de medidas unilaterales por parte del gobierno irlandés se manifestó en la decisión de garantizar de forma incondicional e ilimitada durante un periodo de dos años los pasivos de los seis principales bancos: Allied Irish Banks, Bank of Ireland, Anglo Irish Bank, Irish Life and Permanent, Irish Nationwide Building Society y Educational Building Society. Esto implicó que el Estado respondiera por 440 mme de deuda privada, cuando el PIB era de 190 mme y la deuda pública alcanzaba los 45 mil millones de euros.

Esta garantía de deuda sancionada por la Credit Institutions (Financial Support) Act 2008 para evitar una crisis bancaria sistémica en la UME resolvió temporalmente las presiones de liquidez de los bancos irlandeses e incrementó la cotización de los bancos garantizados: las acciones del Anglo Irish Bank 41.3%; las del Allied Irish Bank 20%; las del Bank of Ireland 19.3%, pero se transmitió el riesgo del sector privado al sector público y de esta manera colocó en situación de desventaja competitiva al resto de las entidades de crédito europeas.

Después de esta acción descoordinada se aplicó el régimen de control de ayudas del Estado (Art. 107, Tratado de Funcionamiento de la Unión Europea –TFUE–, antiguo Art. 87 del Tratado de la Comunidad Económica –TCE) para someter los planes de rescate a la aprobación de la Comisión Europea, y la garantía denominada Credit Institution Financial Support Scheme (Programa CIFS) fue notificada a la Comisión Europea (octubre 2008) y aprobada conforme al antiguo Art. 87.3 del TCE, nuevo Art. 107.3.b del TFUE que permite considerar compatibles con el mercado interior las ayudas estatales destinadas a remediar una grave perturbación en la economía de un Estado miembro.

Mediante el Programa CIFS el Estado asumía la condición de aval de la totalidad de los pasivos existentes o futuros del sistema bancario irlandés, incluidos los depósitos interbancarios, la deuda preferente no garantizada, los valores con garantía de activos y la deuda subordinada (legalmente con condición de capital *Tier* 2). Este Programa fue revisado, ampliado y transformado en Eligible Liabilities Guarantee Scheme (Programa ELG) a finales de 2009 con objeto de facilitar el acceso de entidades irlandesas a financiación a mediano plazo (cinco años) y alargar el calendario de vencimiento de sus pasivos.

De nuevo el Programa contaba con garantía estatal para todos los depósitos, certificados de depósito, papel comercial, efectos y bonos (deuda preferente no garantizada). En abril de 2010 la deuda garantizada por el Programa ELG alcanzaba 153 040 me (casi 100% del PIB), esta cifra mostraba la carga extraordinaria para la población irlandesa, sin contar la cantidad de activos dudosos en el sector inmobiliario y en la actividad promotora.

Los tres principales bancos: Anglo Irish Bank, Bank of Ireland y Allied Irish Bank concentraban activos combinados por 462 100 me, es decir 63.1% del total de activos dudosos, y las dos *building societies* más importantes: Irish Nationwide y Educational contaban con activos por 35 800 me, equivalentes a 4.9% del total.

La suma de activos en poder de los bancos y de las firmas constructoras era superior a 2/3 del total de activos dudosos, lo cual ocasionó que la estrategia del gobierno frente a esta crisis sistémica fuera, como se mencionó líneas arriba, sanear los balances bancarios mediante la transferencia de los créditos vinculados a la promoción bancaria a un "banco malo", la NAMA.

La transferencia fue organizada con base en el concepto de *impaired borrower relationship*, esto quiere decir que la NAMA adquiere la posición jurídica de la entidad de crédito respecto de los clientes dudosos mediante la emisión de deuda preferente con garantía del Estado por 95% del precio de adquisición y deuda subordinada sin garantía del Estado por el 5% restante.

Adicionalmente, los valores deben ser mantenidos por las entidades participantes y pueden utilizarlos como colateral para obtener financiamiento del BCE para mejorar su posición de liquidez, en tanto el importe máximo de emisión autorizado a la NAMA fue ubicado en 54 mme para adquirir créditos con un valor nominal agregado de 82 500 millones de euros.

Como ha ocurrido en otras crisis bancarias, cuando se crean "instituciones" estatales para sanear los activos dudosos la dificultad se presenta en la valoración de los activos a adquirir para no transferir al Estado "pérdidas que deben asumir los accionistas". En el caso de la NAMA se optó por valorar los activos usando el método de flujos descontados, de esta forma se determina el valor a largo plazo, definido como el valor que razonablemente puede "esperar obtenerse" por el activo en un sistema financiero estable una vez mejoren las condiciones de crisis.

Las autoridades irlandesas previeron un precio de transferencia de los activos de 15% por encima del precio de mercado, con un descuento medio respecto del nominal de 35%; pero el agudo deterioro de la cartera crediticia bancaria propició un descuento mayor, impuesto por la NAMA. Aun en este contexto, para finales de 2010 la Agencia había cerrado la adquisición de 11 mil créditos por un valor nominal de 71 200 me, por ellos pagó en bonos 30 200 me, es decir obtuvo un descuento promedio de 58%, esta acción se tradujo en mayores pérdidas a los bancos y un aumento en su rescate por parte del Estado.

En el último trimestre de 2008 la deuda bancaria ascendía a 440 mme (más del doble del PIB), el Estado irlandés confirió garantía incondicional, a cambio el Tesoro recibió como compensación 2 mme y los costos de financiamiento de la deuda pública irlandesa aumentaron por encima de los "beneficios" obtenidos. Adicionalmente, la sociedad debió cargar con los costos derivados de la inyección de liquidez a la banca en cuanto Allied Irish Banks (AIB) y Bank of Ireland requirieron un capital público de 2 mme y una suscripción estatal de mil millones de euros en nuevas acciones.

Esta situación se agravó a partir de 2009, cuando los bancos AIB y Bank of Ireland necesitaron cada uno 3 500 me y se reconoció que no era suficiente continuar inyectándoles liquidez, es decir los bancos necesitaban limpiar sus balances por medio de la creación de un banco malo –NAMA. En 2010 las complicaciones alcanzaron un punto extremo, las inyecciones de liquidez aumentaron a 7 400 me para AIB; 2 700 me para Bank of Ireland; 5 400 me para Irish Nationwide BS,[11] y 875 me para Educational BS.

---

[11] Irish Nationwide BS contaba con 14 400 me en activos y tenía un peso aproximado de 2% en el sistema financiero irlandés.

Si bien el rescate de AIB, Bank of Ireland, Irish Nationwide BS y Educational BS aumentó la carga de la deuda pública irlandesa, la nacionalización del Anglo Irish Bank (2009) tuvo un costo de intervención cercano a los 34 300 me en 2010 (aproximadamente 21.49% del PIB). En suma, el rescate bancario tuvo un costo para el Estado de 50 mme, o sea 31.32% del PIB, sin contabilizar la dotación de recursos a la NAMA.

CRISIS BANCARIA Y CAJAS DE AHORRO EN ESPAÑA

El caso español es particular, el modelo de desarrollo instrumentado en las últimas tres décadas tuvo grandes logros económicos en términos de crecimiento y ganancias del capital; a la vez, los salarios se constreñían y se creaba una gran burbuja inmobiliaria alimentada por la liberalización financiera y del suelo.

A estas contradicciones se unieron por un lado, la política de tasas de interés uniformes instrumentada por el BCE (sin considerar los diferenciales de tasas de inflación entre los países miembros de la UME), y por otro, la dificultad de las empresas españolas para elevar los niveles de productividad.

La conjunción de estos factores afectó la competitividad de España frente a las economías eje de la eurozona, Alemania y Francia, y promovió la sobre expansión de los servicios inmobiliarios y bancario-financieros, que colocaron grandes flujos de capital provenientes principalmente de la banca alemana y francesa. Esto es, en España se creó una compleja relación banca-sector inmobiliario-industria de la construcción, el motor de la economía.

Como en Estados Unidos, Reino Unido e Irlanda, en España el sector inmobiliario experimentó un ciclo muy dinámico desde mediados de los años noventa del siglo pasado hasta 2007 gracias a la disponibilidad de amplias líneas de crédito barato que permitieron la construcción y adquisición de vivienda de forma apalancada e impulsaron el aumento en los precios.

En los últimos años la capacidad de financiamiento de las entidades hacia el sector inmobiliario se vio notablemente incrementada por el desarrollo de los mercados internacionales de titulización y otros productos (como, por ejemplo, las cédulas hipotecarias u otras formas de bonos garantizados –*covered bonds*), esas innovaciones permitieron a las entidades crediticias expandir sus balances, incluso en algunos casos de regulación poco estricta, sin la necesidad, en ocasiones, de incrementar su capital en la misma proporción.

En el caso de España estos fenómenos se conjugaron con el proceso de incorporación a la Unión Económica Monetaria, pues supuso un impulso adicional a la capacidad de endeudamiento de hogares y firmas al contribuir a un entorno macroeconómico más estable y a una mayor integración financiera internacional [Casais, 2011].

Tras el *credit crunch* y la transformación de la crisis financiera en crisis económica (2008) el Estado español, como la mayoría de los Estados desarrollados del mundo, intervino en el rescate de la economía mediante un Plan de Medidas de Estímulo Económico, las acciones inmediatas fueron la inyección de liquidez con el objeto de estabilizar el sistema financiero, estimular la demanda agregada, acortar la duración de la recesión y suavizar sus efectos sociales, aunque los despidos masivos han elevado la tasa de desempleo por encima de 20 por ciento.

Adicionalmente, el Estado español creó un Programa de Reformas, las directamente diseñadas para enfrentar la crisis en el sector bancario y financiero son: a) en octubre de 2008 se anunció la creación de un Fondo para la compra de activos financieros a las entidades de crédito hasta un máximo de 50 me y se elevó la garantía de los depósitos e inversiones a 100 me, y b) el gobierno autorizó el otorgamiento de avales del Estado hasta 100 mme a operaciones de financiamiento a nuevas entidades financieras.

Como respuesta a la presión de los mercados financieros y para cumplir con los requisitos para obtener asistencia del BCE y del FMI, el gobierno español implementó en 2010 un plan de austeridad que incluyó recortes en el gasto público por 15 300 me, o cerca de 1.4% del PIB durante 2011 y 2012. Además, se propuso aumentar la recaudación fiscal en 17 900 me, casi 1.6% del PIB, para lograr un ajuste fiscal total de cerca de 2.9% del PIB.

Los recortes presupuestarios e incrementos en los impuestos españoles pretenden estabilizar la relación deuda bruta/PIB a un nivel de 69% del PIB para el año 2013 con un nivel de endeudamiento neto de 62.4% (*Boletín Oficial del Estado* –BOE–, 2010); sin embargo, todas las políticas y reformas implementadas por el gobierno español para tratar de reactivar la economía parecen insuficientes en cuanto la situación no se modifica sustancialmente.

Cuando la crisis detonó, en gran medida por la negativa de los bancos alemanes y franceses a continuar proporcionando liquidez a los bancos españoles, éstos acumularon una cantidad considerable de viviendas sin vender y conforme se desarrolló la crisis las familias no sólo disminuyeron su consumo general, sino también enfrentaron procesos de ejecución hipotecaria: en 2008 aumentaron 126% respecto a 2007, en 2009 crecieron en 59% respecto al año anterior.

A partir de 2010, según empresas inmobiliarias como Alteba, las condiciones se modificaron: las ejecuciones hipotecarias crecieron en sólo 0.3% con relación a 2009, y en el tercer trimestre de 2011 cayeron en 23.1% respecto al mismo trimestre del año anterior.[12] Esta situación, más la disminución en los precios de la vivienda en 25% desde sus precios máximos en 2007, abría la posibilidad, aunque remota, de reactivar el mercado inmobiliario y la demanda interna, sobre todo si la intervención pública en el sistema financiero español incluía la creación de un "banco malo" (en marzo de 2009 la Comisión Europea había hecho una recomendación en este sentido), porque el rescate de activos resolvería directamente

---

[12] De 2007 hasta mediados de 2011 se produjeron 350 mil ejecuciones hipotecarias, mientras que en 2006 se registraron 10 mil.

la incertidumbre sobre la calidad de los balances de los bancos y contribuiría por tanto a reavivar la confianza en el sector.[13]

Las instituciones monetarias supranacionales BCE y FMI y el Banco de España, antes y durante la crisis, no han dejado de brindar su apoyo directo e indirecto a los bancos en general y a los españoles en particular. Las reformas a los criterios contables han permitido que los activos tóxicos, las hipotecas basura, los créditos incobrables y los pisos a subastas sean valorados a precios anteriores a la crisis y no a precios actuales.

El Banco de España ha puesto a disposición de los bancos 230 mme, equivalente a 20% del PIB, sin importar que algunas entidades financieras estén participando con altas ganancias en otras regiones de Europa, Asia y América Latina: la banca española ha prestado más de 80 mme a los sectores privado, público y financiero de Portugal, cifra que representa 58% del crédito europeo a la economía lusa. Gracias a todas estas acciones los beneficios bancarios, a pesar de la crisis, alcanzaron cifras millonarios hasta 2010 (cuadro 3.1).

Cuadro 3.1. Beneficios de la banca española

	2008	2009	2010
Provisiones y dotaciones	17 134	26 792	22 909
Dividendos	9 849	6 905	6 110
Capitalización de resultados	10 853	8 254	7145

Fuente: Asociación Española de Banca, <http//www.aebanca.es/internet/grups/public/documents/presentaciones/01-2011>.

Como señala Casais [2011], estas cantidades fabulosas, ganancias bancarias, se conjugan con la pérdida de empleo en el sector, con los problemas de solvencia y, sobre todo, con la falta

---

[13] Según datos de Alteba servicios inmobiliarios, disponibles en <http://www.alteba.com/esp/noticias.php> y <http://www.eleconomista.es/firmas/noticias/3698009/01/12/un-banco-malo-antes-de-que-sea-tarde.html>, publicados 26 enero de 2012 y consultados el 25 de febrero de 2012.

de liquidez y de financiación de la economía. Los bancos españoles no dedican este dinero a proporcionar créditos a los sujetos económicos, sino a colocarlos en deuda, en inversiones especulativas o simplemente en depósitos en los propios bancos centrales, que proporcionan intereses más elevados. Aunque es importante mencionar que los tipos de interés para préstamos a empresas y particulares[14] están muy por arriba de la tasa de referencia de 1% del BCE.

A pesar del gran negocio que, aparentemente, supone prestar dinero hoy en día, la banca sigue sin ejercer esta función, el cuadro 3.2 muestra cómo la tendencia de los bancos en la eurozona a no prestar se encuentra altamente generalizada y amparada por el BCE y el FMI. Según el BCE, 43% de las entidades bancarias europeas habían restringido el crédito en el primer trimestre de 2009 a sociedades empresariales; 28.7% redujeron el crédito hipotecario y 30% el crédito al consumo. Para el caso de España, los porcentajes fueron de 40, 30 y 40 respectivamente, muy por arriba del promedio europeo. Asimismo, 62.4% de las entidades habían aplicado márgenes más elevados al crédito a sociedades empresariales, 47.2% al crédito hipotecario y 44% al crédito al consumo.

Cuadro 3.2. Disminución de la concesión de créditos

2009/2008%	Sociedades	Hipotecaria	Consumo
España	40	30	40
Unión Europea	43	29	30

Fuente: BCE y Banco de España.

Al analizar el otro grupo de entidades financieras que conforman el sistema bancario español, de acuerdo con Girón y Cadena [2012] encontramos que las cajas de ahorro creadas en la primera

---

[14] (24/02/2012 Euribor-EBF 1 837; tipo de interés legal 4%; tipo hipotecario 5.12% y tipo consumo 7.22%). La Tasa de Interés Euribor-EBF (European Offered Interbank Rate) es la tasa europea de oferta interbancaria.

mitad del siglo XIX son las instituciones emblemáticas y su participación es de carácter local.

Para Girón y Cadena, a partir de la Reforma Fuentes Quintana de 1977 (Real Decreto 2290/1977) y la Ley de 1985 (liberalizaron y desregularon al sector financiero en el preámbulo de la integración de España a la Comunidad Europea en 1986, y más tarde estar bajo la égida del Tratado de Maastricht), estas instituciones de ahorro y crédito han operado con esquemas de inversión regionales y estructuras financieras competitivas similares a las de los bancos comerciales.

Esas condiciones permitieron a las cajas de ahorro aumentar su capital, el crédito concedido a hogares y empresas no financieras y financieras (ante la euforia generada por el exceso de liquidez y las bajas tasas de interés, se endeudaron a niveles muy por encima de sus estancados ingresos reales), y las ganancias obtenidas en el periodo 1990-2008, como puede apreciarse parcialmente (2005-2011) en los cuadros 3.3 y 3.4.

Además, pudieron participar en el otorgamiento de créditos hipotecarios (cumpliendo con la normatividad de la UME de tener un índice de capitalización de 8%) y en emisión de deuda (Ley de Transparencia, 2003), condición que les permitió el acceso al financiamiento en los mercados de capitales, especialmente participaron en el mercado de valores de renta fija privada: bonos; pagarés negociables (papel comercial), cédulas y participaciones preferentes (gráfica 3.2).

Esta gran titulización, expresión clara de la enorme especulación y el grado de profundización alcanzado por la financiarización en España y en la UME, atrajo el flujo de capitales de inversionistas institucionales bancarios y no bancarios y de bancos comerciales nacionales y extra-territoriales.

Como presentan Girón y Cadena [2012], el financiamiento de las cajas de ahorro a las firmas industriales (gas, petróleo, tecnología, aeronáutica); servicios (gestión de hospitales, hotelería y turismo); inmobiliarias y financieras (seguros y banca), ha conducido a la creación de *holdings* y en buena medida a la crisis que enfrentan.

Gráfica 3.2. Mercado de renta fija privada en España

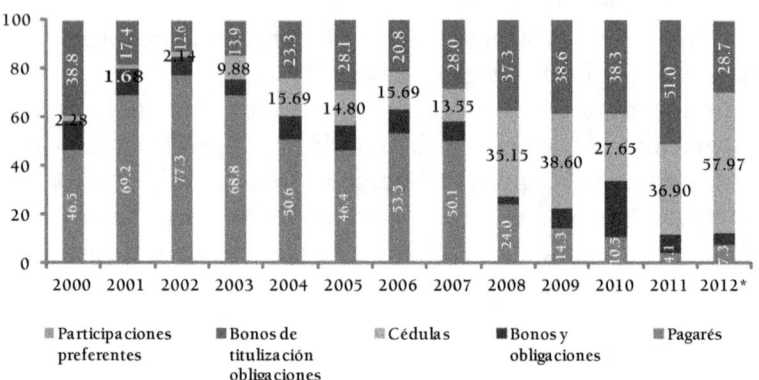

Participaciones preferentes · Bonos de titulización obligaciones · Cédulas · Bonos y obligaciones · Pagarés

Datos a marzo 2011.
Fuente: Bolsas y Mercados Españoles, disponible en <http://www.aiaf.es/>.

Asimismo, las cajas de ahorro, como lo hicieron los bancos comerciales, adquirieron deuda pública soberana, distribuida en las proporciones que se muestran en la gráfica 3.3.

Gráfica 3.3. Entidades financieras españolas con más deuda soberana ibérica 2011

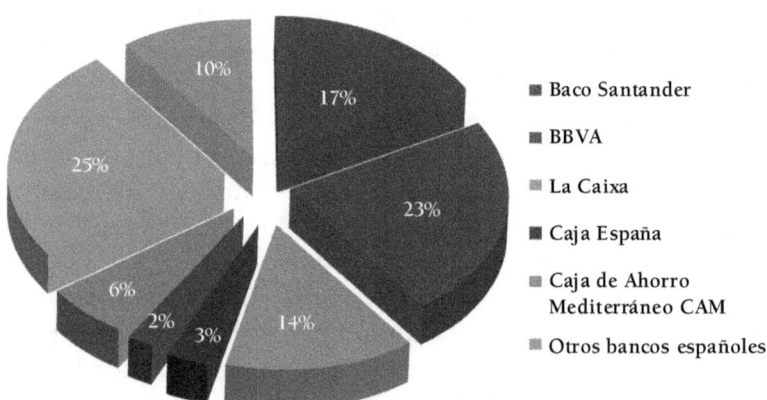

- Baco Santander
- BBVA
- La Caixa
- Caja España
- Caja de Ahorro Mediterráneo CAM
- Otros bancos españoles

Fuente: Jiménez y de Barrón [2001: 19]. Elaboración propia.

A raíz de la crisis financiera actual las cajas de ahorro han visto descender su capital y ganancias (cuadros 3.3 y 3.4), esto ocasionó ser intervenidas por el Banco de España, que ha impuesto leyes y medidas drásticas de reordenación del sector para corregir su descapitalización producto de la enorme cartera vencida.

Cuadro 3.3. Capital

Año	Caja Madrid	La Caixa	Caja Catalunya	Ibercaja	Caja Laboral	Confederación española de cajas de ahorro
2005	7 234	11 583	2 106	1 761	1 537	542
2006	7 679	8 364	2 212	1 728	1 459	511
2007	9 563	15 797	2 890	1 742	1 979	637
2008	14 601	24 552	3 927	3 476	2 294	769
2009	13 438	20 346	3 628	3 476	1 680	757
2010	16 152	23 557	3 790	3 414	1 931	852
2011	23 864	21 710	4 830	3 274	1 871	878

Fuente: *The Banker* varios números. Elaboración propia.

Cuadro 3.4. Ganancias

	Caja Madrid	La Caixa	Caja Catalunya	Ibercaja	Unicaja	Confederación española de cajas de ahorro
2005	1 215	1 564	455	318	189	57
2006	1 337	2 113	433	318	182	71
2007	1 901	5 285	631	326	233	102
2008	4 956	4 011	874	438	356	81
2009	1 678	2 887	285	538	134	73
2010	1 092	270	787	390	125	88
2011	670	1 925	16	2	71	88

Fuente: *The Banker* varios números. Elaboración propia.

El volumen de los créditos dudosos en España creció en 2011 en 1 771 millones de euros, para situarse en 112 458 millones de euros, su tasa de morosidad alcanzó su nivel más alto desde septiembre de 1995, según datos del Banco de España. La tasa de mora del conjunto del sector bancario: bancos comerciales, cajas de ahorros, cooperativas financieras y emisoras de tarjetas de crédito aumentó a 6.19 por ciento.

El mayor repunte en la tasa y en el volumen de mora la registraron las cajas de ahorro. Su morosidad se incrementó en 1 451 millones de euros, para alcanzar un total de 50 286 millones de euros. En tanto, la morosidad en la banca comercial se incrementó en 130 millones de euros y acumuló un total de 52 793 millones de euros, la tasa sobre el volumen de créditos ascendió a casi 6.36 por ciento.

En las cooperativas (cajas de ahorro rurales), el saldo de créditos dudosos subió en 259 me y su total se colocó en 4 894 me, con una tasa de mora de casi 5.08%. En los establecimientos de crédito y emisoras de tarjetas de crédito la tasa de mora llegó a 9.64%, con un volumen de 3 869 me en créditos dudosos.[15]

Así, las cajas entraron en un proceso de privatización y fusión supervisado por el Fondo de Reestructuración Ordenada Bancaria (FROB), en realidad significa su transformación en bancos comerciales y ha llevado a la centralización y concentración del capital bancario en busca de mejorar sus balances contables, pero ha beneficiado a los grandes grupos de inversores mundiales. Este proceso de reestructuración o saneamiento para evitar un deterioro en el sector fue lento[16] e ineficiente por permitir la

---

[15] Datos publicados por Signum Research el 18 de abril de 2011, disponibles en <https://www.signumresearch.com/news/viewnews.aspx?id_news=9610>, consulta realizada el 5 de mayo de 2011.

[16] El Banco de España atribuye la lentitud del proceso de fusión y transformación de las cajas de ahorro en bancos a: 1) introducción tardía (2009) de los instrumentos legales para resolución de la crisis; 2) aprobación gubernamental del uso exclusivo de fondos públicos limitados para rescatar a los bancos y evitar el incremento del déficit público (se desechó la posibilidad de crear un "banco malo"); 3) presencia de intereses políticos y sindicales en los consejos y asambleas de las cajas de ahorro; 4) las comunidades autónomas ejercieron su facultad de aprobar las fusiones de cajas; 5) las recesiones económicas –recientes– se han prolongado más de lo previsto; 6) las grandes entidades internacionales no tuvieron capacidad financiera para participar, y 7) no fue posible imponer pérdidas a los tenedores de bonos a fin de evitar mayores daños al sistema bancario [El País, junio 12, 2012: 16].

fusión de cajas de ahorro débiles financieramente para conformar bancos, como fue el caso particular del Banco Financiero y de Ahorros (BFA), que es producto de un contrato de integración (firmado en julio de 2010) en que se repartió la participación accionarial de la siguiente manera: 52.06% Caja Madrid; 37.70% Bancaja; 2.45% La Caja de Canarias; 2.33% Caja de Ávila; 2.11% Caixa Laietana; 2.01% Caja Segovia y 1.34% Caja Rioja. BFA mantiene la titularidad de una serie de activos y pasivos como el suelo adjudicado, la financiación de suelos en situación dudosa y sub-estándar, algunas participaciones societarias, las participaciones preferentes suscritas por el FROB y determinadas emisiones de instrumentos financieros.

Esta fusión de cajas de ahorro en el BFA lo colocó como el único accionista de su filial Bankia hasta su salida a Bolsa de Valores,[17] actualmente cuenta con una participación accionaria de 52%. Además, al conformarse BFA, su Consejo de Administración y su Junta Universal acordaron un "proyecto de segregación" por el cual transmiten a Bankia todo el negocio bancario, las participaciones asociadas al negocio financiero y el resto de activos y pasivos que BFA ha recibido de las cajas.

El resultado de la fusión de siete cajas de ahorro con dificultades financieras llevaron a grandes pérdidas el mismo año que el BFA iniciara actividades (2011).

De acuerdo con cifras consolidadas del BFA-Bankia, la pérdida de 3 318 me corresponde a 1 561 me por la participación de 52.4% que tiene en Bankia –cuyas pérdidas ascendieron a 2 979 millones–, mientras el saneamiento de activos fiscales y de participaciones generó costos por valor de 1 565 me y 86 me, respectivamente; las participaciones preferentes suscritas por el FROB generaron 358 millones de pérdidas, y tiene una carga contra su patrimonio de 1 179 me por ajuste de los activos fiscales originados

---

[17] Al salir Bankia a Bolsa (20/07/2011) sus directivos rebajaron su precio hasta 3.75 euros por acción, es decir descontaron su valor contable en 74%. Esta depreciación de Bankia marcó el inicio y desarrollo de su crisis y el final del grupo BFA, que en un año ha reducido su patrimonio en 81.6 por ciento.

en el proceso de la revisión de la combinación de negocios que dio origen al grupo.

Las medidas adoptadas para salir de la crisis inmobiliaria que afecta al sistema bancario en España han resultado insuficientes, en 2012 los activos tóxicos continúan creciendo en los balances de las cajas de ahorro y los bancos (cada vez se adjudican más inmuebles por el impago de créditos): se ha elevado el volumen de activos inmobiliarios potencialmente problemáticos a 128 601.2 me en las cajas y 59 375.4 me en los bancos (créditos morosos, sub-estándar en riesgo de impago, aunque aún estén al corriente, y activos adjudicados), así como el nivel de riesgo inmobiliario (cuadro 3.5).

Esta situación ha exigido a España recurrir a un nuevo "proceso de saneamiento" de su sistema bancario supervisado por el BCE, el cual consiste en la valoración independiente de los activos inmobiliarios en manos de las entidades financieras y la formación de las compañías de gestión de esos activos inmobiliarios que crearán los bancos para segregar el *ladrillo* que lastra sus balances,[18] así como a pedir el rescate a sus socios europeos (25 de julio de 2012) para sanear la banca, requerimientos de capital estimados en 62 mil millones de euros.

Sin embargo, este "saneamiento" o retorno a la solvencia por parte de la banca no supone necesariamente una mayor eficiencia en el mercado financiero español, pero sí menores créditos a tasas de interés más altas, y mucha menor capacidad para que la ciudadanía y los poderes públicos puedan decidir las líneas de desarrollo futuras de la economía española.

---

[18] Las dos firmas independientes que valorarán los activos de la banca serán extranjeras, sin relación con las entidades españolas ni con sus firmas auditoras, el costo de la valoración será sufragado por el gobierno. El proceso será complejo porque la cartera de préstamos de las entidades financieras españolas asciende a más de 3 billones de euros, es decir 300% del PIB español.

Cuadro 3.5. Riesgo inmobiliario
Exposición inmobiliaria potencialmente problemática
Diciembre, 2011
(Millones de euros)

	Dudoso		Subestándar		Inmuebles y adjudicados	Total
	Total	%	Total	Porcentaje		
BFA	10 564.20	28.20	7 283.40	19.40	13 951.20	31 798.80
Bankia	7 877.60	24.60	4 654.70	14.50	8 690.60	21 222.90
La Caxia	5 798.50	25.80	2 989.40	13.30	6 918.90	15 706.80
Caixabank	5 798.50	25.80	2 989.40	13.30	1 780.10	10 568.00
Banca Cívica	2 028.00	21.50	2 774.00	29.40	2 735.30	7 537.30
Catalunya Banc	3 857.00	34.30	2 575.80	22.90	5,704.70	12137.50
NGC Banco	3 651.00	34.90	1 369.00	13.10	3 169.80	8189.80
Banco CAM	7 246.00	48.50	2 053.00	13.70	3 894.20	13193.20
BMN	1 352.50	17.60	2 653.60	34.50	3 678.60	7684.70
Liberbank	4 594.60	40.60	2 321.20	20.50	2 295.50	9211.30
Ibercaja	656.60	16.10	626.60	15.30	1 323.30	2606.50
Caja3	959.00	24.50	1 428.00	36.50	763.00	3150.00
BBK	1 689.10	50.80	661.80	19.90	1 455.00	3805.90
Kutxa	418.00	24.40	206.00	12.00	597.80	1221.80
Vital	126.00	10.10	211.10	16.80	338.20	675.30
Unicaja	640.70	21.40	511.00	17.10	2 061.40	3 213.10
Caja Duero-España	1 256.60	20.30	1 320.00	21.40	1 391.10	3 967.70
Unnim	1 568.10	49.70	264.20	8.40	2 668.80	4 501.10
Total Cajas	**60 082.00**	**30.60**	**29 248.00**	**19.30**	**63 417.50**	**1 286.01**
Banco Santander	6 722.00	28.70	3 467.00	14.80	9 950.00	20 139.00
Banesto	1 680.00	25.50	1 399.00	21.20	4 155.20	7 234.20
BBVA	3 743.00	26.40	2 052.00	14.50	7 714.00	13 509.00
Banco Popular	3 469.00	21.00	2 243.00	13.60	6 709.00	12 421.00
Banco Pastor	946.80	18.80	837.70	16.60	2 334.80	4119.30
Banco Sabadell	2 120.00	22.50	1 564.00	16.60	4 609.00	8293.00
Bankinter	206.70	19.20	60.30	5.60	484.40	751.40
Deutsche Bank	55.90	31.30	80.90	45.30	6.00	142.80
Total Bancos	**17 263.30**	**24.70**	**10 304.90**	**14.80**	**31 807.20**	**59 357.40**
Bancos y Cajas	**63 670.00**	**28.80**	**29 522.90**	**17.90**	**84 753.80**	**187 976.60**

Fuente: Elaboración propia con información de cada institución.

PORTUGAL Y LA CRISIS BANCARIA

A diferencia de otros países periféricos de la eurozona las cuentas públicas de Portugal son relativamente menos desfavorables, la tasa de crecimiento del PIB se ha mantenido en posición negativa en el periodo 2008-2011, con excepción de 1.3 % alcanzado en 2010 debido a la consolidación fiscal pública y privada que obliga a la reducción del gasto tanto de los hogares como de las empresas y el Estado. Esta posición fiscal restrictiva será sostenida en los próximos años, así lo confirma el acuerdo intergubernamental o pacto fiscal firmado por los países de la Unión Europea (sin Reino Unido y la República Checa) el 30 de enero de 2012.[19]

La pretensión del gobierno portugués y del Consejo Europeo es desapalancar al sector privado (mantiene altos niveles de endeudamiento), la deuda de los hogares representa 83% del PIB y la proporción crédito a las empresas PIB es 128%.[20] Sin embargo, es difícil enfrentar este problema pues la reducción salarial y el aumento de impuestos directos e indirectos (el IVA aumentó 2%) impactan negativamente al consumo y la inversión, porque el ajuste en cuenta corriente ha sido muy limitado debido al aumento de la tasa de inflación y porque la competitividad se ha mantenido por debajo del promedio de la eurozona.

En 2011 la situación de Portugal se complicó al alcanzar la deuda del gobierno 110% del PIB, si bien el déficit público descendió de -9.8% del PIB en 2010 a -4.20 % del PIB gracias a las reformas de 2007 que impusieron: a) recortes salariales de los empleados públicos, b) reducción del gasto público en salud y beneficios sociales (pensiones) y a la transferencia de 2.6 mme del fondo de pensiones de Telecom Portugal (1.5% del PIB).

---

[19] *Euronews* [2012], "El nuevo pacto fiscal y otros temas del consejo", disponible en <http://es.euronews.net/2012/02/29/el-nuevo-pacto-fiscal-y-otros-temas-del-consejo/>, consulta realizada el 29 de febrero 2012.

[20] Expansión.com [2012], "Europa teme las similitudes entre Portugal y Grecia", disponible en <http://www.expansion.com/2012/02/06/economia/1328528376.html ?a=dc79176f565614fde41d6e17ee32345f&t=1330819863>, consulta realizada el 6 de febrero 2012.

Para tratar de retomar la senda del crecimiento el gobierno de Portugal considera a las reformas estructurales como el único modo de afrontar los retos del bajo crecimiento de la productividad que subyace a un crecimiento potencial reducido y un alto déficit en cuenta corriente, en consecuencia ha anunciado cambios en cinco áreas relacionadas con el mercado laboral:

1) Competitividad Económica y Apoyo a la Exportación, mediante incentivos fiscales a la internacionalización, en particular a las Pymes y el fortalecimiento de la línea de crédito comercial, e inversión en las cinco área relacionadas, con 10 millones de euros mediante proyectos de potencial interés nacional.

2) Simplificación Administrativa, a partir del programa sencillo de exportación dedicado especialmente a las empresas exportadoras, y el programa "tasa cero para la innovación" para eximir a los empresarios innovadores de impuestos y otras contribuciones durante dos años.

3) Mercado Laboral, consiste en la descentralización de la negociación colectiva, un nuevo modelo de indemnización por rescisión de contrato que pretende fomentar la contratación, creación de empleo reduciendo el riesgo de los costos de la reestructuración empresarial e imposición de límites máximos de indemnización en caso de despido.

4) Regeneración Urbana y Mercado de Alquiler, vía la simplificación de los procedimientos y trámites en caso de incumplimiento del contrato de arrendamiento, y

5) Lucha contra la informalidad, la evasión y el fraude fiscal.

El sector bancario ocupa un papel central en el impulso al crecimiento económico, hasta ahora el sistema bancario portugués sólo ha requerido financiar 8% del total de activos subsidiados por el BCE a los bancos de la zona euro, las instituciones bancarias que lo conforman habían logrado sobrellevar la crisis sin necesidad de ser intervenidas hasta el año 2011.

En los acuerdos de rescate financiero fijados por Portugal con la UE y el FMI se reservaron 12 mme (más de 16 230 me) para las necesidades de capital de la banca afectada por la crisis económica del país y las restricciones del crédito a las que someten los mercados. La utilización de esos fondos debe ser un último recurso para los bancos frente a otros mecanismos de refuerzo de capitales de procedencia privada nacional o extranjera dado que la ley portuguesa fija las condiciones de acceso a la ayuda financiera estatal, resalta el objetivo de solidez financiera de las instituciones bancarias y estimula la concesión de créditos a las empresas.

A raíz de la crisis, los resultados de las entidades bancarias en Portugal se han visto reducidos: el Santander Totta (filial del Santander de España) tuvo un beneficio de 64.1 millones de euros en 2011, lo que supone una caída de 85.4% respecto al año anterior, pero es el único banco luso sin pérdidas; el mayor banco privado de Portugal (Banco Comercial Portugués, BCP) ha anunciado pérdidas de 786 me en 2011, las mayores de su historia; mientras el Banco Espirito Santo (BES), otro de los principales de Portugal, ha informado de una pérdida de 108 me. Estas pérdidas han sido compensadas a la par por la contribución de los resultados procedentes de su actividad internacional.

La caída en los beneficios bancarios ha impulsado a las agencias calificadoras a rebajar en tres ocasiones la nota de los bancos portugueses:

1) El 8 de marzo de 2011 Standard & Poor's rebajó la calificación de las cinco grandes entidades financieras de Portugal: el filial del Santander (Santander Totta), el Banco Portugués de Inversiones (BPI), que cuenta con inversiones de La Caixa (Caja de Ahorro Española), Allianz (Aseguradora Alemana) e Itaú (Banco Brasileño); el BCP opera con inversiones de Banco Sabadell (quinto grupo bancario de capital privado español), el BES y la Caixa Geral de Depósitos (CGD).

2) El 7 de julio de 2011 Moody's rebajó en tres y cuatro escalones la calificación de la deuda de cuatro bancos

portugueses hasta el nivel de activo basura. Situó al BCP y al Banco Internacional de Funchal (Banif) en Ba2 con perspectiva negativa, y a la CGD y el BES en Ba1, también de activo basura.

En agosto de ese mismo año Portugal vendió el Banco Portugués de Negocios al banco angoleño BIC por 40 me, un precio de saldo dado que su intervención costó a Lisboa 2 400 me. La entidad africana se comprometió a conservar 750 de los 1 580 puestos de trabajo.

3) El 5 de febrero de 2012 Standard & Poor's recortó en dos escalones las notas del Banco Santander Totta, el BCP, la estatal CGD, el BPI y una subsidiaria de este último. También rebaja un nivel el "rating" del BES y una de sus subsidiarias.

Esto hace suponer que el desapalancamiento de la economía portuguesa puede conducir a cambios en el tamaño y composición de los balances, es decir impulsaría una centralización del volumen del capital por medio de fusiones y a una mayor concentración del capital, resultado de una mayor capitalización.

ITALIA Y LA CRISIS BANCARIA

La economía italiana arrastra problemas serios en su estructura productiva desde finales de los años 1990 del siglo pasado, la financiarización logró ocultarlos y mantuvo al sistema funcionando a pesar de haberse contraído en 1.3% en 2008 por efecto de la crisis financiera internacional. Aunque retomó el camino del crecimiento en 2010, la creciente deuda soberana ha conducido a Italia en 2011-2012 a la recesión y la ha sometido a una fuerte presión de inversionistas extranjeros poseedores de títulos de su deuda por un monto de 800 billones de euros, cifra superior al monto total (814 373 me a diciembre de 2010, según el Bank for International Settlements, BIS) de la deuda extranjera de Grecia, Irlanda y Portugal.

La situación económica de Italia después de la de Grecia es la más alarmante en la eurozona pues su nivel de endeudamiento ha llegado a casi 120% del PIB, y aún cuando ha tenido superávit presupuestario, los costos de la deuda exigen destinar 16% del presupuesto anual al pago de intereses, por esta razón el FMI advierte acerca de la posibilidad de una nueva "década de estancamiento".[21]

En esta misma dirección, Ignazio Visco, director del Banco de Italia, pidió al gobierno implementar las reformas y medidas necesarias para apuntalar a la tercera mayor economía de la eurozona (se estima caerá 1.5% en 2012) y así evitar que los altos costos ocasionados por las tensiones de deuda soberana continúen debilitando al sistema bancario; en 2011 presentó problemas de financiamiento debido a que la recaudación a partir de clientes y mercados declinó en 2.8%, mientras se incrementó su dependencia en préstamos del BCE.

El financiamiento del BCE a los bancos italianos se ubicó en cerca de 200 mme en enero de 2012, por encima de los 40 mme registrados en junio de 2011, y gracias a las medidas tomadas recientemente por el Banco de Italia (los bancos domésticos pueden usar créditos de prestamistas como colaterales para fondos del BCE), el colateral total disponible a las instituciones financieras se ha elevado a casi 450 mil millones de euros.

Aún cuando, tras la salida de Berlusconi del poder, Mario Monti ha seguido las políticas restrictivas aplicadas en las otras economías periféricas de la eurozona y busca instrumentar una nueva estructura regulatoria y administrativa financiera "más favorable" para el crecimiento económico, las agencias de medición de riesgos Fitch y Standard & Poor's han rebajado la calificación de la deuda a largo plazo de varios bancos e instituciones financieras italianas, entre ellas Unicredit, el banco comercial más grande de Italia.

---

[21] *The New York Times* [2012], "Italy News-BreakingWorld Itlay News", disponible en <http://topics.nytimes.com/top/news/international/countriesandterritories/italy/index.html>, consulta realizada el 1 de marzo 2012.

Entre los 34 bancos cuya calificación ha sido devaluada por Fitch y Standard & Poor's, el 27 de enero ya habían rebajado la nota de la deuda soberana italiana de notable alto A+ a un notable bajo A-, figuran Intesa Sanpaolo de A a A-, así como Banca Monte dei Paschi di Siena y Banco Popolare, que han pasado de BBB+ a BBB; las entidades financieras Iccrea Holding y Unión de Bancas Italianas-UBI Banca, pasaron de A- a BBB+.

A Unicredit, Banca Popolare di Sondrio y Banco di Desio e della Brianza las agencias de medición de riesgos les ratificaron su nota de notable bajo A-; Mediobanca y Banca Nazionale del Lavoro (BNL) cayeron dos escalones para colocarse en BBB+, y Banco Popolare di Milano al igual que Banca Carige pasaron de BBB a BBB- (aprobado bajo) [*América Economía*, 2012].

Según Fitch y Standard & Poor's, las rebajas en la calificación de los bancos italianos es una prolongación de la caída de la nota de la deuda soberana pues existe una estrecha relación entre los bancos y el riesgo soberano, por tanto los factores clave que llevaron a la rebaja de la deuda soberana han contribuido también a las rebajas y a la colocación en perspectiva negativa de los bancos italianos, por eso se espera tengan una persistente debilidad en su rentabilidad durante los próximos años. Sin embargo, a pesar de su reducida capacidad financiera, las autoridades italianas han mostrado disposición a ofrecer apoyo a la banca a través de otorgar garantías estatales a la deuda bancaria.

Según Standard & Poor's la vulnerabilidad de Italia ante los riesgos de financiación externos se ha incrementado por su alta deuda pública externa, lo que ha producido una significativa reducción de la capacidad de los bancos de refinanciar su deuda mayorista y ha llevado a su dependencia de las inyecciones de liquidez por parte del BCE, sobre todo en los periodos de vencimiento de los bonos bancarios, pues tan sólo en diciembre de 2011 los bancos italianos absorbieron 23.72% (116 mme) de la oferta total de euros (489 mme) realizada por el BCE.

Para evitar una mayor dependencia por parte de los bancos comerciales europeos respecto al BCE, la Autoridad Bancaria

Europea (EBA) ha pedido a los bancos europeos incrementar sus bases de capital en la cifra combinada de 115 mme. En septiembre de 2011 pidió a los prestamistas que marcasen ciertos activos, incluyendo bonos soberanos, desde entonces han caído los rendimientos de los bonos soberanos de algunos países de la periferia de la zona euro. Por tanto, los bancos italianos deben aumentar su capital en un total de 15 400 me para cumplir con los requerimientos establecidos por la EBA.

CRISIS BANCARIA EN GRECIA

La crisis de deuda soberana de Grecia ha estado ocultando los graves problemas del sistema bancario. Durante su gobierno George Papandréu hizo uso del dinero sobrante del plan de rescate financiero, 17 mme de un total de 28 mme, debido a la fuga de capitales que ha presentado grandes picos en algunos periodos: entre diciembre de 2009 y febrero de 2010 el retiro de depósitos ascendió a 8 mme, es decir 3.6% del total.[22]

Teniendo en cuenta que la garantía de los depósitos bancarios, esto es la devolución del dinero en caso de que una entidad quiebre en Grecia, es responsabilidad del gobierno nacional en lugar del BCE, los depositantes griegos al retirar el dinero de sus bancos están cuestionando la capacidad del Ejecutivo para cumplir con dicha garantía, en realidad un respaldo puramente fiscal dado que Grecia no tiene una moneda propia ni control sobre el euro.

Las dudas sobre la solvencia de Grecia han castigado de forma muy dura a la banca del país y llevado a que desde noviembre de 2009 hasta abril de 2010 las cotizaciones de las acciones de los cuatro grandes bancos helenos cayeran en casi 47%, es decir Grecia ha experimentado una crisis financiera seguida de una crisis soberana, sucedida a su vez por otra crisis financiera. En

---

[22] La banca en general opera con una reserva de 2% de los depósitos.

la gráfica 3.4 se muestra el total de depósitos de familias en las instituciones bancarias griegas durante los años 2002-2010 y el flujo mensual.

Gráfica 3.4. Depósitos de familias y flujos desestacionalizado con un MA-12
(Millones de euros)

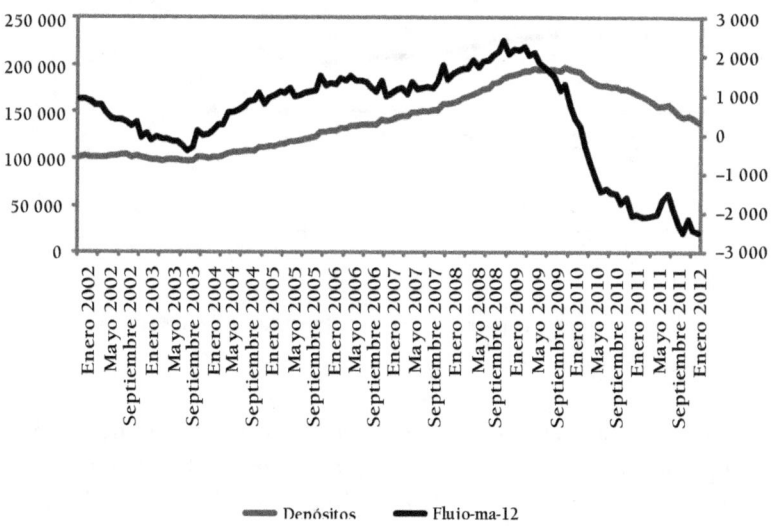

Fuente Banco Central de Grecia.

En la gráfica 3.5 se muestra el porcentaje que representan los depósitos sobre el balance agregado de las instituciones bancarias (eje izquierdo a una escala que va de 30 a 70%); de enero de 2001 a diciembre de 2010 los depósitos que financiaban 61% del balance perdieron 20 puntos (el nivel de depósitos de las familias griegas descendió en 33 mme), los bancos comerciales sustituyeron ese pasivo con el endeudamiento frente al Banco de Grecia, que a su vez actúa de intermediario entre el sistema bancario griego y el eurosistema. Nótese que la mayor reducción ocurre en la primera mitad de 2010, cuando la crisis griega se agudizó.

Gráfica 3.5. Depósitos de residentes como porcentaje del tamaño de los balances de las instituciones bancarias y pasivos frente al Banco de Grecia como porcentaje del tamaño del balance

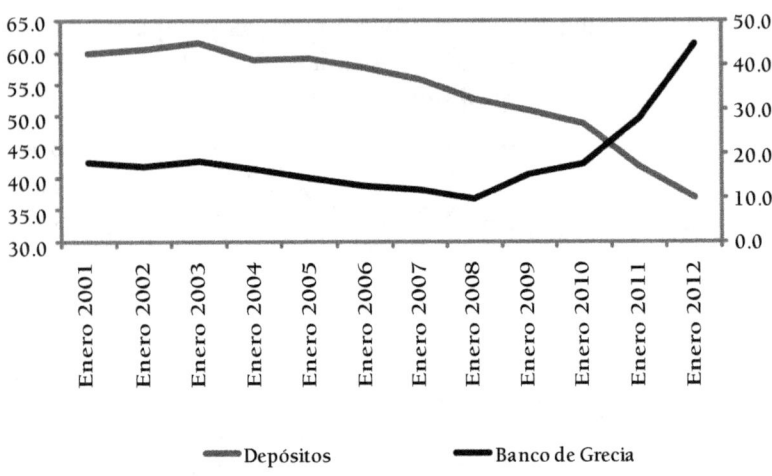

Fuente Banco Central de Grecia.

A partir del rescate de Grecia en mayo de 2010 (gráfica 3.5) la fuga de capitales aumentó, pero se aceleró de forma sustancial cuando los líderes de la eurozona iniciaron el proceso (julio de 2011) para aprobar un segundo plan de rescate: se decidió aplicar una primera quita de 21% de la deuda (bonos) en poder de inversionistas privados. Así, según datos del Banco Central de Grecia la retirada de depósitos se situó en casi 5 500 me en septiembre respecto al mes de agosto y el volumen de depósitos descendió a 183 200 me, nivel que se tenía en junio de 2007, es decir se desplomaron 23% respecto al nivel máximo alcanzado en septiembre de 2009, cuando los depósitos ascendían a 238 mil millones de euros.

Esta salida de depósitos agravó aún más la descapitalización de la banca, dependiente al 100% de la financiación extraordinaria facilitada por el BCE, que inyectó 77 800 me al sistema bancario griego en septiembre de 2011. De hecho, los bancos helenos recurrieron de forma masiva a inyecciones directas por parte de su propio banco central por medio de una línea de liquidez de emergencia (ELA, especie de *quantitative easing*[23] a la europea): 6 420 me en agosto de 2011y 26 560 me en septiembre.

Tras el acuerdo de canje de deuda la banca griega entra en un periodo de "aparente tranquilidad", mientras en octubre de 2011 la agencia calificadora Moody's bajó la nota a ocho bancos griegos: National Bank of Greece (NBG), Eurobak; Alpha Bank; Piraeus Bank; ATE; Attica Bank; Emporiki (filial del banco francés Crédit Agricole) y Geniki (controlado por el banco francés Société Générale), y Alpha Bank y EFG Eurobank se fusionaron. En 2012 la agencia calificadora Fitch mantiene en B- la calificación de largo plazo de NBG, EFG Eurobank, Alpha Bank, Piraeus Bank y Agricultural Bank of Greece. La decisión de Fitch se basó en la certidumbre de que la *troika* (FMI, Unión Europea y BCE) seguirá prestando apoyo a la banca helena para contar con respaldo de liquidez, refinanciación y solvencia.[24]

Al contrario de lo esperado, la fuga de capitales se intensificó: en el último trimestre de 2011 algunos clientes retiraron cantidades

---

[23] Medida de política monetaria utilizada por los bancos centrales para estimular la economía nacional cuando la política monetaria convencional se ha hecho poco efectiva. Consiste en comprar activos financieros para inyectar una cantidad predeterminada de dinero a la economía, y se diferencia de la política habitual de comprar o vender bonos del gobierno para mantener las tasas de interés del mercado en un valor objetivo específico. El banco central implementa este *quantitative easing* al comprar activos financieros de los bancos y otros negocios de sectores privados con nuevo dinero electrónico creado. Esta acción incrementa las reservas de los bancos y también los precios de los activos financieros comprados, lo que disminuye los rendimientos. Esta medida de política monetaria puede ser utilizada para estimular a la economía al comprar activos de larga maduración y por consiguiente disminuir la tasa de interés de largo plazo. También, puede recurrirse a ella para asegurar que la inflación no descienda por debajo de la meta establecida.

[24] "La agencia Fitch eleva ligeramente la calificación de Grecia", disponible en <http://www.elnuevoherald.com/2012/03/13/1151129/la-agencia-fitch-eleva-ligeramente.html>, consulta realizada el 16 de marzo de 2012.

de hasta 600 mil y 700 mil euros, en una sola semana llegaron a retirarse 5 mme de las cuentas bancarias; entre enero y marzo de 2012 se retiraron depósitos por 10 mme, y del 7 al 17 de mayo de 2012 los retiros alcanzaron los mil millones de euros, generándose así una mayor inestabilidad monetaria.

Según Yorgos Provópulos, gobernador del Banco de Grecia, desde finales de 2009 los bancos han perdido en promedio 3 mme mensuales, fuga masiva de capital que ha provocado una enorme fragilidad de la banca comercial griega potenciada por la inestabilidad política y el temor a que Grecia tenga que abandonar el euro. La única atenuante hasta hoy ha sido la financiación del BCE, pero la interrupción parcial (a algunos bancos no recapitalizado) o total de ésta implicaría la salida inmediata de Grecia de la eurozona.

Es necesario resaltar que la reacción de los depositantes obedece al pánico que les genera la posibilidad de que Grecia abandone el euro, esto supondría una devaluación de sus ahorros (tras su redenominación en dracmas) de hasta 70%, según diversas estimaciones.

CONCLUSIÓN

Los problemas bancarios en la eurozona han propiciado que los países del centro se encuentren expuestos a la situación económica de los países periféricos. La financiarización se ha desarrollado tanto en los países del centro como de la periferia de la eurozona, en ambos ha crecido exorbitantemente el volumen de los activos de las instituciones financieras respecto al PIB (cuadro 3.6).

Existen diferencias sistémicas muy importantes en cómo se ha presentado el proceso de financiarización entre el centro y la periferia de la zona euro. Mientras en el centro el incremento de bancos extranjeros no ha alcanzado cifras relevantes, en la periferia ha sido considerable en algunos periodos. Los activos de bancos

Cuadro 3.6. Instituciones de crédito. Total de activos/PIB
(Porcentajes)

País	1997	1998	1999	2000	2001	2002	2003	2004	2005	2006	2007	2008	2009
Alemania	256	275	287	299	304	297	295	298	333	351	392	316	298
Austria	227	239	247	258	272	251	263	273	295	307	329	379	359
Bélgica	306	298	304	282	303	297	302	316	349	354	392	370	323
España	170	173	178	185	193	184	192	204	237	256	281	309	310
Francia	244	239	251	247	257	247	251	266	294	317	353	371	361
Grecia	107	123	142	156	155	142	124	124	142	147	167	190	201
Holanda	231	255	263	286	298	292	309	342	333	351	392	376	369
Irlanda	262	304	240	404	461	364	412	487	583	674	715	760	789
Italia	156	143	147	152	152	161	159	164	176	189	217	231	231
Portugal	237	286	281	274	287	263	252	240	242	255	270	290	294

Fuentes: BCE [2010], *Indicadores estructurales para el sector bancario de la Unión Europea*; BCE [2005], *Estructuras bancarias de la Unión Europea*.

extranjeros (filiales y sucursales) en la eurozona han representado entre 20% y 25% del total de los activos de las instituciones de crédito, con excepción de Irlanda donde llegaron a estar cerca de 50% hasta poco antes del rescate bancario.

A la par, las inversiones internacionales de los bancos europeos han sido significativas, razón por la cual los reclamos agregados transfronterizos de los bancos europeos ha ido en aumento desde los años ochenta del siglo pasado y sobre todo en la primera década del siglo XXI (gráfica 3.6).

Gráfica 3.6. Reclamos bancarios internacionales brutos

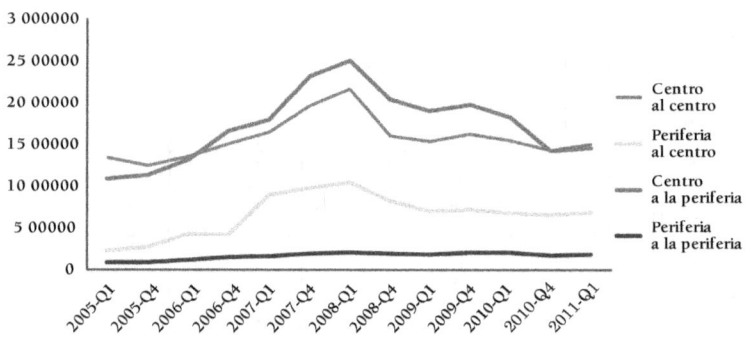

Fuente: BIS, <http://www.bis.org/statistics/consstats.htm>.

De igual manera, es interesante reconocer que los préstamos transfronterizos en la eurozona en términos de centro (Alemania, Francia, Bélgica y Holanda) y periferia (Gracia, Irlanda, Italia, Portugal y España) se incrementaron en ambas direcciones en el periodo 2005-2008 y posteriormente descendieron, lo cual puede apreciarse con los reclamos internacionales de capital del centro a la periferia contra reservas (gráfica 3.7). En cuanto a su tamaño, estos flujos bancarios del centro a la periferia han sido mayores que los flujos centro-centro.

Gráfica 3.7. Reclamos internacionales de capital vs. reservas, centro-periferia (Porcentajes)

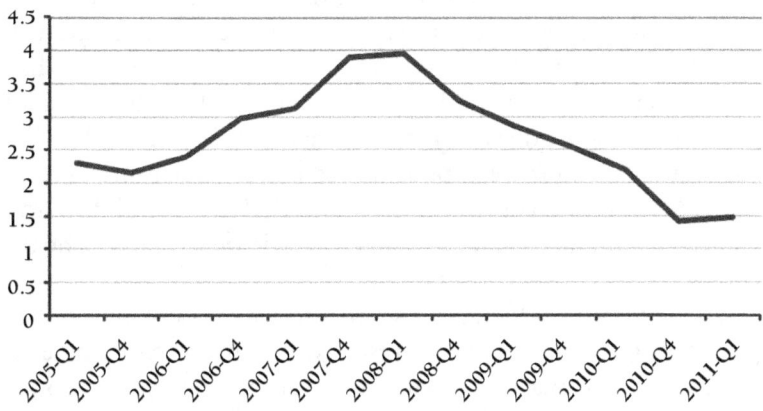

Fuente: BIS, <http://www.bis.org/statistics/consstats.htm>.

Este incremento masivo de flujos bancarios del centro a la periferia de la eurozona muestra la exposición de los bancos del centro ante el alto endeudamiento que sufren las economías de la periferia, el cual se ha incrementado considerablemente después de los primeros signos de la crisis global en 2007.

Algunas de las razones que explican este fenómeno es que los bancos del centro no se habían preocupado antes de 2009 por conocer la solvencia de los países periféricos, prestar a los gobiernos parecía seguro, y la política del BCE había sido dar soporte a todos los bancos, con lo cual se incrementaba la solvencia de los bancos de la periferia.

Después de agosto de 2007 aumentó la volatilidad en los mercados financieros, entonces se mostraron diferencias significativas en las tasas interbancarias. En este contexto, los bancos del centro tuvieron superávit en euros y concedieron créditos a bancos de la periferia de la eurozona por considerarlos más seguros que los bancos de otros países (en especial los de Estados Unidos y Reino Unido). Este interés en prestar a los bancos de la periferia también estuvo sustentado en que los *spreads* de los *credit default swaps* (CDS) fueron bajos y estables hasta la caída de Lehman Brothers en 2008, se incrementaron los *spreads* en Grecia y Portugal, y en España el boyante mercado inmobiliario parecía ofrecer altos y seguros retornos a los bancos del centro.

Los principales prestamistas del centro a la periferia (gráficas 2.5, 2.6 y 2.7) fueron los bancos de Alemania y Francia, estos han visto crecer con mayor rapidez sus reclamos a los bancos de los países periféricos que sus propias reservas. A finales de 2008 las exposiciones brutas de capital de los bancos del centro en los países de la periferia oscilaron alrededor de 1.4 trillones de euros, mientras el capital total del sistema bancario del centro era de 0.6 trillones de euros (2.6 veces menor).

A partir de 2009, cuando se incrementó la demanda por liquidez de los bancos europeos resultado de un incremento de los activos de corto plazo, los bancos se han comprometido con el BCE a reestructurar sus hojas de balance para reducir los títulos y préstamos de largo plazo con el fin de reforzar el proceso de desapalancamiento bancario, pero han restringido la oferta de crédito a la economía y profundizado la recesión.

BIBLIOGRAFÍA

Agnello, Luca y Ludger Schuknecht [2009], "Booms and Busts in Housing Markets. Determinants and Implications", ECB, Serie Documentos de trabajo núm. 1071, Frankfurt, julio, disponible en <http://www.ecb.int/pub/pdf/scpwps/ecbwp1071.pdf>.

Alteba servicios inmobiliarios, disponible en <http://www.alteba.com/esp/noticias.php y http://www.eleconomista.es/firmas/noticias/3698009/01/12/un-banco-malo-antes-de-que-sea-tarde.html>, publicados el 26 enero de 2012 y consultados el 25 de febrero de 2012.

América Economía [2012], disponible en <http://www.americaeconomia.com/politica-sociedad/politica/italia-debe-implementar-y-extender-reformas-con-rapidez>, 18 de febrero.

BCE [2005], *Situación del sector bancario en la Unión Europea, Banca Comercial,* núm. 197, enero.

_____ [2010], Structural Indicators for the EU Banking Sector, disponibles en http://www.ecb.int/press/govcdec/otherdec/2010/html/gc100115.es.html, consulta realizada el 3 de febrero de 2010.

Banco de España [2012], Boletín Económico, Indicadores Económico, enero, disponible en <http://www.bde.es/webbde/SES/Secciones/Publicaciones/InformesBoletinesRevistas/BoletinEconomico/12/Ene/Fich/indica.pdf>.

BPI [2011], Basilea III: Marco regulador global para reforzar los bancos y sistemas bancarios, Basilea, Suiza, diciembre 2010, versión revisada en junio de 2011, disponible en <http://www.bis.org/publ/bcbs189_es.pdf>.

BIS, disponible en <http://www.bis.org/statistics/consstats.htm>.

Banco de Grecia [2008], Annual Report 2008, disponible en <http://www.bankofgreece.gr/Pages/en/Publications/GovReport.aspx?Filter_by=8&Year=2008>.

_____ [2009], Annual Report 2009, disponible en <http://www.bankofgreece.gr/Pages/en/Publications/GovReport.aspx?Filter_by=8&Year=2009>.

_____ [2010], Annual Report 2010, disponible en <http://www.bankofgreece.gr/Pages/en/Publications/GovReport.aspx?Filter_by=8&Year=2010>.

_____ [2011], Annual Report 2011, disponible en <http://www.bankofgreece.gr/Pages/en/Publications/GovReport.aspx?Filter_by=8&Year=2011>.

Blundell-Wignall, Adrian y Patrick Slovik [2011], "A Market Perspective on the European Sovereign Debt and Banking Crisis, en *OECD Journal Financial Market Trends*, 2010(2), febrero, disponible en <http://www.oecd.org/datoecd/19/9/46970598.pdf>.

Blundell-Wignall, Adrian y Paul E. Atkinson [2010], "What Will Basel III Achieve?" paper prepared for the German Marshall Fund of the United States (GMFUS), disponible en <http://gem.sciences-po.fr/content/publications/pdf/Blundell_Atkinson_Basel_III_achievements112010.pdf>.

BOE [2010], Real Decreto-Ley 8/2010, de 20 de mayo, por el que se adoptan medidas extraordinarias para la reducción del déficit público, Madrid.

Candelon, Bertrand y Franz Palm [2010], "Banking and Debt Crisis in Europe: The Danferous Liaisons?", CESifo, Documento de trabajo núm. 3001, Munich, marzo, disponible en <http://www.personeel.unimaas.nl/f.palm/Candelon-Palm-CESifo-3001.pdf>.

Casais, Enrique [2011], "La respuesta a la crisis en la UE: España camino de su década perdida", en *Revista Problemas del Desarrollo*, México, IIEC-UNAM, 166(42), julio-septiembre.

El País [2010], "¿Qué son los 'stress test'?", Madrid, 23 de julio, disponible en <http://www.elpais.com/articulo/economia/stress/test/elpepueco/20100722elpepueco_13/Tes>, consulta realizada el 10 de octubre de 2010.

_____ [2010], "Dos islas hundidas por la banca", disponible en <http://elpais.com/diario/2010/12/05/economia/ 1291503603_850215.html>, consulta realizada el 10 de octubre de 2010.

_____ [2012], "Ordoñez se excusa de la lentitud para sanear las cajas", versión impresa, 12 de junio, p. 16.

Euronews [2012], "El nuevo pacto fiscal y otros temas del consejo", disponible en <http://es.euronews.net/2012/02/29/el-nuevo-pacto-fiscal-y-otros-temas-del-consejo/>, consulta realizada el 29 de febrero de 2012.

Comisión Europea [2008], State aid NN48/2008 – Ireland. Guarantee scheme for Banks in Ireland, C(2008)6059, Bruselas.

_____ [2009a], "Reglamento (CE) No. 73/2009 del Consejo de 19 de enero de 2009", en *Diario Oficial de la Unión Europea*, disponible en <http://eurlex.europa.eu/LexUriServ/LexUriServ.do?uri=OJ:L:2009:030:0016:0016:ES:PDF>, consulta realizada el 5 de abril de 2010.

_____ [2009b], State aid N349/2009 – Ireland, Credit Institutions Eligible Guarantee Scheme, C(2009)9165, Bruselas.

_____ [2009c], State aid N725/2009 – Ireland, Establishment of a National Asset Management Agency (NAMA): Asset relief scheme for Banks in Ireland. C(2010)1155, Bruselas.

_____ [2010], State aid N254/2010 – Ireland, Extension of the ELG schemeuntil 31, diciembre, C(2010)4397, Bruselas.

Euribor, evolución de los datos y gráficos del Euribor, <http://www.euribors.es/>.

Expansión. com [2012], "Europa teme las similitudes entre Portugal y Grecia", disponible en <http://www.expansion.com/2012/02/06/economia/1328528376.html?a=dc79176f5 65614fde41d6e17ee32345f&t=1330819863>, consulta realizada el 6 de febrero de 2012.

Girón, Alicia y Víctor Cadena [2012], "Cajas de ahorro, inestabilidad financiera y bancarización", en *Revista Ola Financiera*, México, UNAM, núm. 11, enero-abril, disponible en <http://www.olafinanciera.unam.mx/new_web/11/pdfs/Giron-Cadena_OlaFin-11.pdf>.

<http://www.euribors.es/>.

Kanda, Daniel [2010], "Asset Booms and Structural Fiscal Positions: The Case of Ireland", IMF Working Paper, marzo, Washington, DC.

Minsky, Hyman [1986], "Global Consequences of Financial Deregulation", Washington University, Department of Economics, Serie Documentos de trabajo, núm. 96, septiembre.

Mody, Ashoka [2009], "From Bear Stearns to Anglo Irish: How Eurozone Sovereign Spreads Related to Financial Sector Vulnerability", IMF Working Paper, mayo, Washington, DC.

Morningstar, Mutual Fund, Hedge Fund, ETF Investment <http://www.morningstar.com/>.

The New York Times [2012], "Italy News-Breaking World Itlay News", disponible en <http://topics.nytimes.com/top/news/international/countriesandterritories/italy/index.html>, consulta realizada el 1 de marzo de 2012.

Nuevo Herald [2012], "La agencia Fitch eleva ligeramente la calificación de Grecia", disponible en <http://www.elnuevoherald.com/2012/03/13/1151129/la-agencia-fitch-eleva-ligeramente.html>, consulta realizada el 16 de marzo de 2012.

Regling, Klaus y Max Watson [2010], *A Preliminary Report on The Sources of Ireland's Banking Crisis*, Dublín, Government

Publications, disponible en <http://bankinginquiry.gov.ie/ Preliminary%20Report%20into%20Ireland%27s%20Banking%20Crisis%2031%20May%202010.pdf>.

Sgherri, Silvia y Edda Zoli [2009], "Euro Area Sovereign Risk During the Crisis", IMF Working Paper, octubre, Washington, DC.

Unión Europea [2010], Tratado de Funcionamiento de la Unión Europea, Versión Consolidada, *Diario Oficial de la Unión Europea*, disponible en <http://eur-lex.europa.eu/LexUriServ/ LexUriServ.do?uri=OJ:C:2010:083:0047:0200:es:PDF>, consulta realizada el 26 de enero de 2012.

LAS CRISIS RECURRENTES DE AMÉRICA LATINA
Enseñanzas para los PIIGS

INTRODUCCIÓN

En los años ochenta del siglo pasado América Latina enfrentó una severa crisis de deuda pública externa que ocasionó fuertes caídas en el PIB y tasas de inflación exorbitantes. El caso extremo lo presentó México cuya deuda más que se duplicó en tan sólo tres años al pasar de 40 389 millones de dólares (md) en 1979 a 87 875 md en 1982, esta situación lo obligó a declararse en moratoria frente a la banca comercial internacional, su principal acreedor.

Ante este escenario de crisis los bancos transnacionales que habían financiado a los países de América Latina proporcionándoles grandes cantidades de dinero procedentes de los excedentes de liquidez producto del aumento de los precios del petróleo (eurodólares) y de ahorradores estadounidenses, impusieron mediante los organismos internacionales (Fondo Monetario Internacional –FMI– y Banco Mundial –BM) algunas medidas económicas restrictivas para garantizar el pago de la deuda.

Los gobiernos latinoamericanos (habían transferido los flujos de deuda externa a las empresas estatales y lo habían destinado al gasto público) renegociaron en varias ocasiones las condiciones de pago. Mediante estas renegociaciones de la deuda durante los años ochenta los países pretendían posponer el pago del servicio de la deuda; fueron una verdadera "carrera contra el tiempo" que para nada mejoraron el perfil de endeudamiento al no contemplar una reducción significativa del principal y de los intereses.

La estrategia vinculada a la reprogramación de la deuda latinoamericana derivó en la implementación de políticas de ajuste bajo la supervisión explícita del FMI, con excepción de Brasil, organismo internacional que se encargó conjuntamente con los bancos prestamistas de soslayar la moratoria unilateral de los países endeudados y de esa manera evitar la quiebra del sistema monetario internacional.

El problema de la deuda contratada por medio de préstamos sindicados en que un banco grande o líder era acompañado por bancos medianos y pequeños, se agudizó porque aún cuando se había "dispersado el riesgo" los bancos pequeños sufrieron la iliquidez generada por la crisis. Por tanto, los planes de ajuste anti sobreendeudamiento o modelo único para todos los países, sin contemplar sus particularidades, se rigieron por la norma de reducir el déficit presupuestario y controlar la inflación.

A mediados de los años ochenta, al no haberse logrado una reducción importante de la deuda externa y su servicio en al menos los tres países más grandes de América Latina,[1] la alianza tripartita: FMI, BM y Tesoro de Estados Unidos lanzaron la iniciativa Plan Baker, consistente en una serie de medidas macroeconómicas y un financiamiento por 20 mmd para promover el crecimiento y reducir la inflación y que los países latinoamericanos pudieran pagar su deuda.

Finalmente, al no lograr su cometido el Plan Baker, a inicios de los años noventa se instrumentó una nueva estrategia conocida como el Plan Brady cuyos objetivos serían disminuir las transferencias al exterior mediante la disminución del principal y los intereses, y canalizar nuevos créditos a las economías latinoamericanas, éstas debían modificar su sistema de financiamiento de los préstamos

---

[1] Brasil, México y Argentina.

otorgados por la banca a la obtención de recursos por la negociación de títulos en el mercado internacional de capitales.

El descalabro de los PIIGS (Portugal, Irlanda, Italia, Grecia y España, por sus siglas en inglés), especialmente el de Grecia, es similar al caso de México y los países latinoamericanos en la década de 1980, e igual ha sido la dinámica de renegociación seguida en los países periféricos de la eurozona. La troika ha recurrido a estrategias muy parecidas a las implementadas en América Latina y los resultados tampoco han estado distantes.

El Plan Baker y el Plan Brady ofrecieron a los países latinoamericanos una reprogramación temporal, el primero, y disminución de intereses y quitas al capital fueron esenciales para la región latinoamericana. De la misma manera, este tipo de planes para solventar las deudas soberanas de los países de la eurozona son fundamentales en este momento.

Así como en América Latina el impacto socioeconómico de la crisis de los años ochenta fue desfavorable para los habitantes y se profundizó con el cambio estructural de modelo económico, hoy la situación que viven los países periféricos de la eurozona mantiene a su población en condiciones de depauperización permanente y alarmante.

Grecia al igual que México (hace tres décadas) es el laboratorio de una serie de políticas que están destruyendo el ingreso y el empleo sin lograr una recuperación inmediata para la eurozona. Por esta razón, más allá de buscar un Plan Brady de mayor dimensión al aplicado en América Latina y la implementación simultánea de una política económica de ajuste, hoy estas estrategias son limitadas ante las dimensiones globales de la financiarización de las economías, por eso no permitirán a Grecia o a cualquiera de las otras economías periféricas (si se instrumentan estrategias similares) crecer a tasas suficientes para pagar la deuda a los inversionistas institucionales de Alemania y Francia, y al mismo tiempo satisfacer los intereses de los mercados financieros.

No basta con suavizar los términos de pago con garantías como los bonos Brady hicieron en América Latina y ofrecer a los inversionistas garantías relacionadas con el futuro crecimiento del país [Wolf, 2011], es necesario e impostergable que los gobiernos de los PIIGS no repitan los errores cometidos por gobiernos latinoamericanos y continúen socializando la deuda de forma en extremo lastimosa para su población.

AMÉRICA LATINA Y LA CRISIS EN LOS AÑOS OCHENTA

América Latina es una región que se desenvuelve de acuerdo al proceso de acumulación y reproducción del capital mundial, por esto encontramos su desarrollo estrechamente ligado al financiamiento o endeudamiento externo y por supuesto a la expansión de la banca comercial internacional. Como plantea Minsky [1986], los bancos y los banqueros están en el negocio para maximizar la ganancia.

Alicia Girón [1995: 29] señala que en el endeudamiento latinoamericano se pueden ubicar diferentes etapas determinadas por el desarrollo del capital mundial y el enlace de la región al mismo, aunque también es abordable desde dos perspectivas: 1) origen de los flujos, dirección y participación de los acreedores, y 2) receptor de los flujos, uso dirigido de las opciones del financiamiento para el desarrollo y el impacto en el país deudor.

Desde la perspectiva de los acreedores, Girón [1995: 30-33] identifica cinco etapas en el proceso de endeudamiento de los países latinoamericanos; sin embargo, para cumplir con nuestro objetivo es necesario partir de la tercera etapa (década de los años sesenta del siglo pasado), cuando empiezan a participar como prestamistas una serie de instituciones bancarias pertenecientes a los incipientes conglomerados internacionales.

En la cuarta etapa (década de los años setenta) el cartel de los acreedores muestra el predominio de entidades financieras trasnacionales que asumen el grueso de la cartera crediticia y son acreedoras de la mayor parte de los países subdesarrollados. Así, en los años setenta la banca estadounidense participó en el financiamiento al desarrollo de América Latina mediante la concesión de préstamos sindicados para impulsar el crecimiento del PIB (al finalizar la década promedió 5.5% para toda la zona), en tanto

Brasil y México fueron las economías más dinámicas, con tasas de crecimiento del PIB de 8.6 y 6.5% respectivamente.

En la quinta etapa (a partir de 1982) las naciones endeudadas se transforman en tributarias de capital y contrataron créditos para pagar el servicio de la deuda. Para los propósitos del presente trabajo esta última etapa es decisiva por ser el tiempo en que se inician grandes cambios estructurales tanto económicos como políticos dejando rezagado el devenir social.

La década de 1980 es la etapa en que predominaría el mercado, cuando el ingenio financiero convocaría a solucionar los problemas de financiamiento mediante el precio de oferta y demanda y la solicitud de créditos sería para los acreedores la alternativa para colocar la gama de títulos que forman parte de su portafolio crediticio.

Mientras los préstamos y la emisión de bonos en el mercado internacional de capitales permanecieron estancados para los países subdesarrollados, los países industrializados se financiaron rápidamente en este mercado, pero la oferta de los acreedores representó un riesgo muy alto para los deudores tradicionales.

Por las razones presentadas, a la luz de la crisis de deuda externa, los acreedores internacionales adoptaron en América Latina una estrategia de rearticulación financiera para financiar la transformación tecnológica de sectores de punta entrelazados con las cadenas internacionales mediante un paquete de salvamento a los deudores en proceso de moratoria por 30 mmd, una vez anunciado el impago de México en 1982.

Tras varias renegociaciones con aval del FMI los acreedores pospusieron los pagos de la deuda, y aunque tanto acreedores como el FMI dieron trato particular a cada país, aplicaron el mismo mecanismo para todos. La alternativa utilizada consistió en políticas de ajuste interno basadas en la restricción de la demanda agregada que agudizaron la recesión, desalentaron la inversión, redujeron la formación de capital y la utilización de la capacidad productiva instalada, eso provocó un efecto negativo en el incremento de la capacidad productiva y la generación de empleos, por tanto la actividad productiva declinó aceleradamente.

La región enfrentó una profunda crisis originada por el considerable endeudamiento acumulado y el deterioro de los mercados internacionales, comerciales y financieros en que operaba. La fuerte reducción del financiamiento externo bancario sumado al deterioro de los términos de intercambio, el aumento de las tasas de interés internacionales (la tasa LIBOR pasó de 2.5% en 1979 a 22% en 1981) y la fuga de capitales acarrearon problemas por falta de divisas [Ffrench-Davis, 2005].

Durante la década de los años ochenta la deuda externa latinoamericana se duplicó al pasar de 204 mmd a 431 mmd, muestra de haber cumplido con un pago de intereses cuyo monto sobrepasó la cantidad adeudada y que el pago del débito correspondió a una transferencia negativa de recursos de la región a sus acreedores a un promedio anual de 3.6% del PIB.

Esta salida de flujos de capital de América Latina provocó el descenso de la tasa promedio anual del PIB en el ámbito regional, incluso presentó tasas negativas en los años 1982 y 1983, y por tanto las tres economías de mayor tamaño tuvieran caídas drásticas: Argentina tuvo una caída de –1.4%; México vio descender su PIB a 1.8%, y en Brasil, que había tenido un crecimiento medio anual de 6.7% en 1971-1980, el PIB descendió a 1.6% (gráfica 4 .1); pero

Gráfica 4.1. Producto interno bruto
(Promedio anual)

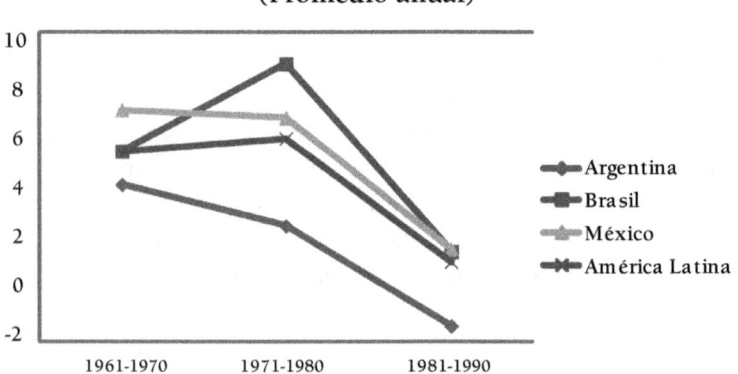

Fuentes: BID, [1991], *Informe anual*, Washington, BID, p. 4; CEPAL, [1992], *Balance preliminar de la economía de América Latina* y el Caribe, Santiago de Chile, CEPAL, p. 42.

la mayor caída se registró en el PIB per cápita, con tasas de crecimiento anual negativas para todos los países de América Latina.

Otros indicadores económicos también mostraron la necesidad de plantear alternativas de desarrollo diferentes a las prevalecientes desde la posguerra: el aumento de los precios, la tasa de inflación (cuadro 4.1) y la caída del salario real (gráfica 4.2) ocasionaron que el sobreendeudamiento externo agravara la deuda social y profundizara la pobreza en Latinoamérica.

Cuadro 4.1. Crecimiento de los precios al consumidor
Promedios anuales
(Porcentajes)

País	1961-1970	1971-1980	1981-1990	1991
Argentina	21.4	141.6	322.6	171.7
Brasil	46.2	36.7	148.9	440.9
México	2.8	16.8	60.7	22.7

Fuentes: BID, *Informe anual* [1990: 4]; *Progreso económico y social en América Latina, Informe* [1991: 18; 1993: 290], Washington; CEPAL [1992: 45], *Balance preliminar de la economía de América Latina y el Caribe*, Santiago de Chile, CEPAL.

Gráfica 4.2. Evolución del salario mínimo real urbano
(Promedio anual)
(1980=100)

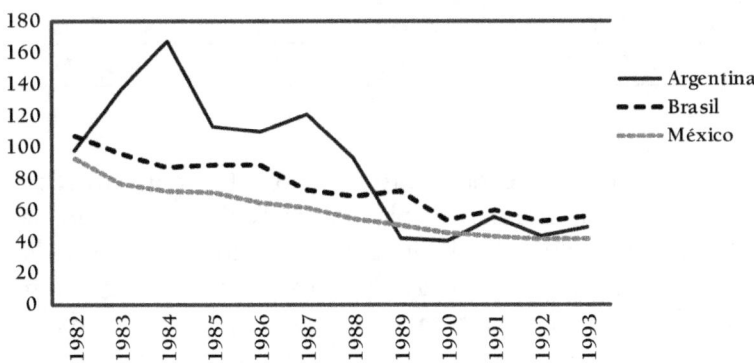

Fuente: CEPAL [1992], *Balance preliminar de la economía de América Latina y el Caribe*, Santiago de Chile, CEPAL.

La contracción del mercado interno, el aumento de la deuda externa (cuadro 4.2), y la transferencia neta de recursos por el incremento en el pago del servicio de la deuda externa (cuadro 4.3) hicieron patente la necesidad de recurrir a los recursos externos para subsanar la ineficiencia de la política fiscal, la inoperancia de una estrategia de crecimiento económico sustentada mayormente en la producción de *commodities*, el avance económico parcial de la política sustitutiva de importaciones y la urgencia de llevar a cabo cambios estructurales.

Cuadro 4.2. Deuda externa total desembolsada, 1980-1990
(Miles de millones de dólares)

Años	Argentina	Brasil	México	América Latina
1980	27 157.00	70 838.00	57 378.00	242 636.00
1981	36 657.00	80 875.00	78 215.00	296 553.00
1982	43 634.00	92 903.00	86 019.00	333 528.00
1983	45 920.00	98 269.00	92 966.00	361 727.00
1984	48 857.00	105 424.00	94 822.00	377 418.00
1985	50 946.00	106 148.00	96 867.00	390 209.00
1986	52 450.00	113 735.00	100 881.00	410 539.00
1987	58 461.00	123 864.00	109 460.00	445 842.00
1988	58 738.00	115 727.00	100 781.00	422 899.00
1989	65 027.00	111 379.00	95 446.00	422 729.00
1990	61 928.00	116 417.00	97 357.00	432 497.00

Fuente: BID [1992], *Informe anual*, p. 112.

Ante el sobreendeudamiento externo y el incremento de precios internos las alternativas planteadas por el FMI y el BM para enfrentar el "desfinanciamiento del desarrollo" en los países latinoamericanos se orientaron a realizar cambios estructurales en la política económica sustentados en estrategias monetaristas y conservadoras que exaltan los mecanismos de mercado, propusieron la restricción presupuestaria, la devaluación de las monedas

Cuadro 4.3. Transferencias de recursos 1980-1990
(Miles de millones de dólares y porcentajes)

	1	2	3	4	5
	Entrada efectiva de capitales	Entrada neta de capitales	Pagos netos de utilidades e intereses	Transferencias de recursos	
Años				(1-3)	(2-3)
1980	35	29.5	17.9	17.1	11.6
1981	48.5	37.3	27.1	21.4	10.2
1982	29.1	19.8	39.6	-10.5	-19.8
1983	6.2	3	35	-28.8	-32
1984	11.4	10.4	37.1	-25.7	-26.7
1985	5.2	2.4	35.1	-29.9	-32.7
1986	9.6	8.7	31.8	-22.2	-23.1
1987	14.5	14.2	30.8	-16.3	-16.6
1988	6.2	4.5	33.6	-27.4	-29.1
1989	-	9.4	37.3	-	-
1990	-	17.8	34.2	-	-
Total	165.7	157	359.5	-122.3	-158.2

Fuentes: FMI [1980-1989], *Balance of Payment Yearbook*, Washington, FMI; CEPAL [1989: 94; 1990: 105], *Estudios económicos de América Latina*, Santiago de Chile, CEPAL.

nacionales y la aplicación de políticas monetarias contractivas como vías para reducir el déficit fiscal, el déficit de las empresas públicas, la sobrevaluación monetaria, desaparecer los subsidios, mejorar el perfil de endeudamiento, evitar la fuga de capitales, reducir el deterioro de la balanza de pagos y controlar la inflación.

Estos motivos fueron suficientes para que en esta etapa de transición entre el desarrollo basado en el financiamiento externo y la aplicación de una política sustentada en un ajuste estructural, se iniciara una búsqueda por conquistar el mercado externo, renegociar la deuda externa e instituir planes de estabilización con el objetivo principal de alcanzar el equilibrio macroeconómico [Girón, 1995: 115-121 y 142-144; Girón, 1991: 69].

De acuerdo con Girón [1995: 40], el sobreendeudamiento sembró en la región una crisis severa de magnitudes estructurales que dio origen a un cambio en el patrón de desarrollo implementado desde la posguerra, por ello la deuda externa dejó de ser el motor de crecimiento para convertirse en el financiamiento de la pobreza y el modelo de sustitución de importaciones quedó enterrado en muchos países de la región.

En el caso de México, el inicio de un nuevo modelo económico inserto en la apertura indiscriminada en el marco del Tratado de Libre Comercio de América del Norte (TLCAN), instalaría un modelo primario-exportador con enclaves industriales fuertemente integrados con las empresas estadounidenses, acompañado de un proceso de migración.

Hacia finales de los años ochenta y principios de los noventa las condiciones estaban dadas para que algunos países deudores regresaran al mercado financiero, el mercado secundario internacional permitiera una disminución, aunque no muy significativa, del débito de la región, y nuevos mecanismos, intermediarios financieros e instrumentos de financiación aparecieron en Latinoamérica y aceleraron el desarrollo de los mercados emergentes de valores.

Renegociaciones de la deuda externa latinoamericana

Durante los años ochenta la política financiera impulsada por los organismos financieros internacionales en América Latina estuvo sustentada en la renegociación de la deuda externa para evitar la caída del sistema financiero internacional, los préstamos sindicados por medio de un representante fue la tónica entre los acreedores y los ministros de Hacienda que ciñen la historia de la deuda soberana en los ochenta; los acuerdos entre acreedores y deudores definieron el sendero del no crecimiento y de la transformación económica estructural junto con los intereses del Estado burocrático autoritario y las clases hegemónicas.

En el endeudamiento externo de las economías latinoamericanas habían participado por un lado los bancos transnacionales prestando grandes sumas de recursos provenientes de los excedentes generados por los incrementos en los precios del petróleo –eurodólares– y de ahorradores estadounidenses; por otro, empresas privadas, pero sobre todo los propios gobiernos, que canalizaron dichos flujos de capital al gasto público y a las empresas estatales.

En 1982, el atraso en los pagos de la deuda mostró el fracaso de un modelo económico que había incrementado el déficit público e impulsado la búsqueda de los Estados por renegociar las condiciones en el pago de su deuda. Catorce países latinoamericanos cuya deuda en conjunto representaba 80% de la deuda externa total de los países periféricos y de Europa, reprogramaron su deuda.

Aún cuando algunos países como Perú, Jamaica, Bolivia, Nicaragua y Honduras iniciaron las renegociaciones de su deuda desde finales de los años setenta, la implementación global de esta política en América Latina se dio en los años ochenta con el propósito de programar de manera eficiente el pago del servicio de la deuda; pero sus resultados, lejos de mejorar el perfil de endeudamiento de los países afectaron directamente el ámbito político, económico y social de cada uno de ellos.

La renegociación de la deuda, estrategia para posponer los pagos o convertir las deudas de monedas fuertes a monedas nacionales o bajar el precio de los créditos en los mercados de capitales, había sido utilizada desde la crisis de los años treinta para permitir a los deudores cumplir con el servicio de la deuda y evitar la bancarrota de los acreedores [Girón, 1995: 90].

A diferencia de la crisis de los años treinta cuando el principal instrumento de endeudamiento eran los bonos y los acreedores se encontraban dispersos, lo cual facilitaba la recuperación de los prestatarios al depreciarse el valor de los bonos;

en la crisis de los años ochenta la deuda (al menos 80%) había sido contraída mediante préstamos sindicados,[2] es decir los acreedores estaban concentrados y resultaría mucho más complicado que los deudores recurrieran a pasar su deuda de dólares a la moneda local.

Tres cuartas partes de la deuda de América Latina se había contratado con bancos grandes, medianos y pequeños establecidos en Estados Unidos, Europa y Japón [Stallings, 1990: 11], estas entidades habían prestado una suma superior a su capital total y sus reservas base[3] a cambio de recibir por concepto de pago de intereses un monto por encima de sus ganancias totales. Tal situación generó gran fragilidad en los bancos acreedores, especialmente los bancos medianos y pequeños debieron enfrentar problemas de liquidez que llevó a algunos a la quiebra y a otros a concretar fusiones.

Al declarar México la moratoria (agosto 1982), la banca internacional acreedora operó como prestamista de última instancia al proporcionar un préstamo salvavidas. Esta misma lógica fue seguida por el FMI, el Banco Internacional de Pagos (BIS) y Estados Unidos al aprobar créditos contingentes (créditos puente) para las tres economías latinoamericanas más endeudadas: México recibió 12 820 md, el flujo de recursos para Brasil fue de 13 100 md y Argentina obtuvo 5 300 millones de dólares.

Las alternativas para enfrentar el problema de endeudamiento fueron las constantes renegociaciones junto con los planes de estabilización acordados por los comités bancarios integrados para cada país y con el FMI:

---

[2] Préstamos a mediano o largo plazos, concedidos por un consorcio de bancos, actuando uno o varios de ellos como cabezas de fila.

[3] Según Magdoff, Harry y Paul Sweezy [1990], la deuda de México representaba 60% del capital total de los nueve bancos más grandes de Estados Unidos; la deuda de Brasil 54%; la deuda de toda Sudamérica sumaba 210% del capital total de esos nueve bancos estadounidenses, y la deuda del Tercer Mundo significaba 340 por ciento.

Primera renegociación (1982-1983)

En esta etapa México renegoció 59 mmd bajo condiciones muy onerosas,[4] pagar un margen por encima de la Tasa LIBOR de 1.95% y comisiones a 1.05%, y Brasil renegoció 59 mmd pagando un margen por arriba de la LIBOR de 2.32% y comisiones a 1.50 por ciento.

En total América Latina renegoció 217 mmd, de los cuales 139 200 md correspondieron a los países grandes: Argentina, Brasil y México; 28 mmd a la deuda de Venezuela; 15 900 md Chile y 9 700 md a Perú.

El costo de posponer el pago de la deuda a un promedio de siete años fue muy alto, sobre todo si tomamos en cuenta el aumento del servicio de la deuda porque cuantitativamente la mayor parte de los países cubrieron márgenes similares a los impuestos a México y Brasil.

Segunda renegociación (1983-1984)

El monto total de deuda renegociada fue de 66 700 md, es decir 34.6% de la deuda externa total (192 800 md) de América Latina. 39 mmd correspondían a 25.5% de la deuda total de Argentina, Brasil y México, en suma 142 900 md; y 27 700 md que significaban 55.5% de la deuda externa total de otros países de la región, en ese tiempo de 49 900 millones de dólares.

En esta segunda ronda de reprogramación de deuda se concedieron nuevos créditos a los países deudores por 10 700 md, con costos financieros menores porque se redujeron tanto los márgenes por encima de la LIBOR como las comisiones menores y se acordaron plazos más largos de amortización [Girón, 1995: 103].

---

[4] México fue el modelo a seguir entre los países latinoamericanos con endeudamientos considerados de alto riesgo. Mientras en los años setenta los países no pagaban márgenes de 2% o 2.25% (era el máximo) por encima de la Tasa LIBOR, durante las renegociaciones fue común la aplicación de estos márgenes, e incluso superiores.

Tercera renegociación (1984-1985)

Los términos acordados por cada país deudor con sus comités bancarios fueron más favorables que los concertados en las primeras renegociaciones. Los vencimientos refinanciados correspondieron a periodos plurianuales, los plazos para amortización de créditos se prolongaron, los márgenes por encima de la LIBOR se redujeron y las comisiones fueron eliminadas en algunos casos.

Así, Argentina renegoció 46.6% de su deuda externa; Brasil 21.19% y México 65.35%, es decir renegociaron 78 500 md, esto es 22.3% de la deuda conjunta total de 180 347 millones de dólares.

Cuarta renegociación (1986-1987)

En esta fase Argentina y México renegociaron 95 y 74.7% de sus deudas externas totales, mientras Chile y Venezuela renegociaron casi el 100%. Las tasas de recargo sobre la LIBOR se situaron en 0.812% y se pactaron nuevos préstamos por 5 200 md: 4 600 md se entregarían en 1988 y los otros 600 md no se cubrieron en tanto dependían de que el BM concediera préstamos sectoriales, pero las negociaciones no se concretaron.

Brasil renegoció su deuda con el Club de París en 1987 sin suscribir un acuerdo previo con el FMI para un programa de ajuste. Los acreedores acordaron flexibilizar las condiciones de reembolso de los atrasos acumulados por 3 300 md, establecieron ocho años y cinco de gracia y extender los plazos de vencimiento tanto de la deuda como de los 840 md que Brasil debía pagar ese año.

Al mismo tiempo que se llevaron a cabo las renegociaciones de la deuda externa los países latinoamericanos debieron sujetarse a suscribir acuerdos con el FMI para implementar programas de estabilización. En el cuadro 4.4 se hace una relación de algunos de los planes aplicados en México, Argentina y Brasil.

**Cuadro 4.4. Cronología de los planes de ajuste,
Argentina, Brasil y México, 1982-1994**

Argentina	Brasil	México
1982 Plan Cavallo 1	1983 Programa con el FMI	1982 Plan Inmediato de Reordenacion Económica
1985 Plan Austral	1986* Plan Cruzado	1987-1988 Pacto de Solidaridad Económica
1988 Plan Primavera	1987 Plan Bresser	1988-1991 Pacto para la Estabilidad y el Crec. Econ.
1990 Plan de Convertibi-lidad	1989 Plan Verano	1992 Pacto para la Estabilidad,la Competitividad y el Empleo
Plan Cavallo 2	1990 Plan Collor	1994 Pacto para el Bienestar, la Estabilidad y el Crecimiento
	1994 Plan Real	

Fuente: Elaboración propia.

Estos planes de ajuste o austeridad, "estrategia cooperativa" o "condicionalidad cruzada" impuestos por el FMI pretendían, de acuerdo con este organismo financiero internacional: 1) que los países deudores llevaran adelante reformas estructurales orientadas al crecimiento económico; 2) que las fuentes multilaterales oficiales y privadas proporcionaran un financiamiento adecuado, y 3) que todos los países contribuyeran a mantener un entorno económico mundial favorable.

La problemática estructural de al menos los tres países latinoamericanos de mayor tamaño era de gran profundidad y las condiciones externas no eran favorables por los bajos precios de los *commodities*, por lo eso el aumento de las exportaciones no fue suficiente para obtener las divisas necesarias para cubrir el servicio de la deuda externa.

Además, la reducción de las importaciones desaceleró la producción y el costo del financiamiento se encareció dada la disminución de la oferta de capitales, por consiguiente, aunque estas políticas utilizaron la misma mecánica en todos los países latinoamericanos, los efectos guardaron algunas diferencias en concordancia con la situación económica, política y social de cada uno de ellos.

La deuda externa, un total de 242 636 mmd 1982, se situó en 432 497 mmd en 1990 (considerando que no hubo nuevos préstamos en ese periodo), dejando claro que las renegociaciones sirvieron para seguir pagando las deudas ya abaratadas en el mercado secundario internacional a precios nominales, sin tomar en cuenta el valor real de su monto, y propiciaron la entrada de flujos de capital muy caros (préstamos de salvamento) hasta que algunos países plantearon que dicha transferencia ocasionaría desajustes en las economías nacionales [Girón, 1995: 93].

Estas condiciones económicas abrieron la puerta a la implementación de políticas de ajuste en América Latina. Aquí presentamos el impacto de dichos planes en Argentina, Brasil y México.

PLANES DE AJUSTE EN ARGENTINA, BRASIL Y MÉXICO

El endeudamiento de Argentina, Brasil y México en la década de los años setenta del siglo XX mostró la decadencia de un modelo de desarrollo sustentado en gran medida en la contratación de crédito externo. Durante esos años, los gobiernos aplicaron políticas de ajuste orientadas a reducir el déficit en cuenta corriente de la balanza de pagos, mejorar el endeudamiento y reducir la inflación.

Los resultados fueron desastrosos: a inicios de la década de los años ochenta México declaró la moratoria en el pago de su deuda; los activos de argentinos en el exterior alcanzaron los 34 mmd, y el milagro brasileño había llegado a su fin desde la primera mitad de los años setenta.

Este escenario de crisis exigió la instrumentación de "soluciones" que estarían diseñadas por el FMI, quien marcaría la pauta a seguir: renegociaciones acompañadas de planes de ajuste o estabilización.

Planes de ajuste en Argentina

En julio de 1982 se estableció una reforma monetaria, "Plan Cavallo I", para hacer frente a la deuda del sector privado, al pánico por la iliquidez bancaria, la estanflación de la economía y la deuda externa. Las acciones consistieron en la compra de deuda interna mediante Valores Reajustables Nacionales, subsidio a la deuda de las empresas con los bancos y se continuó pagando el servicio de la deuda pública externa. El resultado fue una inflación acelerada atribuida a la falta de credibilidad en las medidas económicas adoptadas y el cambio de régimen de gobierno.

Entre 1983 y junio de 1985 se adoptó otra serie de medidas: reducción en el plazo de pago del IVA, devaluación de la moneda, aumento a las tarifas de servicios público, financiamiento del Tesoro por el Banco Central y ajuste gradual de precios debido a que la inflación alcanzó tasas de 1000% en el periodo 1984-1985.

En junio de 1985 se aprobó el Plan Austral, diseñado con base en una política económica contractiva: choque tributario, tasas de interés reales elevadas, tipo de cambio fijo, congelamiento de los salarios reales, fin del financiamiento del Tesoro por el Banco Central, congelamiento de precios y salarios y reforma monetaria.

Este plan tuvo un alcance positivo de mediano plazo en la reducción de la inflación de 30% a 3% mensual, pero las medidas restrictivas agravaron la caída de la producción y los salarios reales, y al levantarse el congelamiento de precios y recuperarse el crecimiento los precios de nuevo se dispararon.

Los problemas de altas tasas de inflación deterioraron los salarios reales y los ingresos reales del gobierno, ello ocasionó un aumento en el déficit del gobierno y una regresión en la distribución del ingreso que arrojó a las filas de la pobreza a un importante sector de la población.

El Plan Primavera (agosto de 1988) se basó en un nuevo régimen cambiario: el austral como moneda nacional, a las transacciones financieras y las importaciones se les aplicaría un tipo de cambio libre –flotación controlada–, y el producto de las exportaciones agrícolas se vendió a una tasa oficial vinculada al tipo de cambio. Este plan fue ampliado con la aplicación de una reforma fiscal y privatizaciones de empresas públicas, pero la depreciación del tipo de cambio de ese mismo año dejó en claro que los esfuerzos estabilizadores no habían fructificado positivamente.

En 1991, un año antes de que Argentina se adhiriera al Plan Brady, se puso en práctica el Plan de Convertibilidad (Plan Cavallo II), comprendió tres aspectos:

1) Convertibilidad del austral en relación con el dólar estadounidense a una paridad de 10 000 australes por dólar por el tiempo que rigiera la ley;

2) Convertibilidad obligatoria retroactiva a las relaciones jurídicas anteriores a abril de 1991, en las que existieran prestaciones pendientes de cumplimiento por ambas partes, o en aquéllas de ejecución continuada con prestaciones y

contraprestaciones periódicas en las que se limita la posibilidad de aplicación de los mecanismos de reajuste legal, reglamentario o contractualmente para la fijación del nuevo valor base, y

3) Convertibilidad de la moneda en la medida que transmuta las obligaciones pactadas en australes convertibles, pues el austral convertible constituye, a todos los efectos, una nueva moneda (Art. 12 de la Ley 23.928) que incorpora reformas sustanciales a la legislación involucrando relaciones jurídicas preexistentes, actuales y futuras [Girón, 1995: 124].

Los resultados del Plan de Convertibilidad se plasmaron en la estabilidad económica lograda: el PIB creció a una tasa anual de 8.7% en 1992, se privatizaron diversas empresas y las participaciones del Estado en empresas por cerca de 5 400 md, la deuda externa presentó una reducción de 3 mmd en 1992 y como porcentaje del PIB descendió de 48 a 38.2, la tasa de inflación se redujo de 84% en 1991 a 17.6 en 1992; pero la balanza comercial y la balanza en cuenta corriente se tornan deficitarias.

Planes de ajuste en Brasil

En 1983, una vez que Brasil tuvo acceso al financiamiento del FMI y fue respaldado por este organismo para refinanciar su deuda con la banca comercial internacional y contratar nuevos créditos, se aplicó un programa del FMI enfocado a: 1) la política de austeridad en los gastos públicos con el fin de reducir el déficit fiscal, y 2) la limitación en los incrementos de los salarios más bajos.

Las consecuencias económicas se registraron en un acelerado aumento de las tasas de inflación (10.5% mensual en el periodo 1983-1985), el repunte de la tasa de desempleo urbano, la contracción de la actividad económica (-3.1%) y la disminución del ingreso per cápita.

Con el cambio de régimen político en 1985 el gobierno abandonó las relaciones con el FMI y renegoció directamente su deuda con el Club de París, pero aun cuando pagó el servicio de la deuda el crédito externo se paralizó. Así, en condiciones económicas adversas, Brasil aplicó un proyecto diferente a los realizados por el FMI, el Plan Cruzado (febrero de 1986), estrategia sustentada en la premisa de que la inflación estaba impulsada por la fuerza inercial auto-repetitiva de la indización, por lo cual mantuvo tres ejes:

1) Se reajustaron y congelaron los salarios, los alquileres y los pagos a plazos, los precios y el tipo de cambio.
2) Se creó una "tablita" con la finalidad de compensar la inflación esperada incorporada en los contratos existentes y evitar así la redistribución arbitraria entre deudores y acreedores, se creó una nueva moneda para facilitar el reajuste.
3) La indización se eliminó casi por completo, en los salarios fue reemplazada por una escala móvil, con un umbral de 20% y en los mercados financieros se mantuvo la indización para los instrumentos con vencimiento superior a un año.[5]

En el primer semestre de instrumentación el plan se vio favorecido por el entorno internacional al reducirse las tasas de interés y el servicio de la deuda externa, la caída de los precios del petróleo y la devaluación del dólar, se facilitó así el crecimiento de la producción y poder continuar con el objetivo de inflación cero. Sin embargo, los productores agrícolas y ganaderos presionaron para que aumentaran los precios de sus mercancías y los precios de nuevos productos industriales fueron empaquetados para aumentar los precios ilegalmente, lo cual ocasionó la caída de las exportaciones y la reducción del superávit comercial.

[5] Cardoso, Eliana y Helwege [1993], *La economía latinoamericana: diversidad, tendencias y conflictos*, México, Fondo de Cultura Económica, p. 201.

El Plan Cruzado fracasó por la expansión de la demanda por medio de políticas salariales, monetarias y fiscales; a pesar de haber logrado inicialmente reducir la tasa de inflación a 5% mensual en 1987, Brasil declaró la moratoria frente a la banca internacional e intentó aplicar un paquete de ajuste mediante el Plan Bresser (1987), cuyos objetivos eran: 1) reducir la tasa de inflación de 27%; 2) reducir el déficit público, y 3) disminuir la tasa de interés, que era de 2000 por ciento.

Para tratar de alcanzar las metas el plan congeló los salarios y los precios de bienes y servicios por un plazo de 90 días, devaluó para estimular las exportaciones, buscó suavizar la confrontación con el FMI y se pagaron 510 md por concepto de intereses.

Como resultado de la aplicación de estas medidas Brasil regresó a los mercados financieros internacionales y los banqueros le concedieron un préstamo por 5.4 md, lo cual lo llevó a iniciar el proceso de privatización de empresas públicas y el intercambio de deuda por *swaps,* acciones para reabrir el país a la inversión extranjera directa.

En 1989, de nuevo Brasil trató de controlar la inflación galopante mediante el Plan Verano: volvió a congelar los precios y eliminó ceros del valor nominal de la moneda, pero no logró eliminar el déficit presupuestal; al tratar de reducir las tasas de interés y elevar las tasas reales de interés el efecto fue contraproducente porque aumentó la deuda interna, la inflación llegó a 1800% y el PIB decreció en 4% en 1990. Éstos fueron los argumentos para aplicar otro plan.

El Plan Collor (marzo de 1990) siguió un criterio muy estricto de estabilización: 1) congeló 2/3 de los activos financieros, 2) creó una nueva moneda (cruzeiro), 3) reestructuró las finanzas públicas, 4) congeló los precios y salarios, 5) estableció la flotación del tipo de cambio, y 6) eliminó la corrección monetaria.

El congelamiento de títulos públicos –difiriendo su rescate por 18 meses– y la capitalización de sus intereses implicaron una reducción inmediata de las necesidades de financiamiento del sector público. En el mismo sentido operaron la creación de nuevos impuestos –entre ellos un gravamen especial a las operaciones de conversión de moneda–, la elevación de los impuestos existentes, la suspensión de incentivos fiscales y subsidios y la intensificación del combate contra la evasión fiscal; para reducir los gastos públicos, se eliminaron organismos oficiales y se anunció la disminución de personal.

Ninguno de los cuatro planes de ajuste: Plan Cruzado, Plan Bresser, Plan Verano y Plan Collor lograron alcanzar la estabilidad económica y reducir la inflación, a pesar de que Brasil no se apegó a las políticas del FMI, esto obligó a Fernando Henrique Cardoso (julio de 1993) a conformar el Plan Real.

Los puntos más importantes de esa política de ajuste se dirigieron a recortar en 6 mil millones de cruzeiros el gasto del sector público, reducir el déficit operacional a 2% del PIB, elevar la carga impositiva y reprivatizar 500 empresas públicas no estratégicas.

Los logros fueron significativos: superávit en cuenta corriente y balanza comercial que permitieron a Brasil reducir el monto de su deuda externa como porcentaje del PIB, mejorar el servicio de su deuda externa y reducir la dependencia de los flujos de financiamiento externo, estas condiciones posibilitaron a Brasil emitir bonos en el marco del Plan Brady.

El hecho de que Brasil no restringiera su política económica al lineamiento del FMI no significó que dicha institución internacional no exigiera la implementación de programas restrictivos a México.

PLANES DE AJUSTE EN ARGENTINA, BRASIL Y MÉXICO

México es un caso ejemplar por su obediencia al dar puntual seguimiento a los planes de ajuste impuestos por el FMI. En 1979 la deuda externa mexicana alcanzó 40 389 md, para 1982 se había duplicado al ascender a 87 875 millones de dólares.

El problema se magnificó porque: a) la deuda de corto plazo aumentó 410% en esos tres años, mientras el aumento de la deuda contratada a mediano y largo plazos fue menor a 220%; 2) la economía estaba fuertemente dolarizada, 3) la fuga de capitales era considerable, y 4) el déficit público y la tasa de inflación alcanzaban niveles históricos.

En este ambiente de incertidumbre se nacionalizó la banca y dio inicio un nuevo periodo de gobierno, situación que incidió en la sujeción de la política económica a los cambios impuestos por el FMI.

México firmó la Primera Carta de Intención con el FMI o Acuerdo de Estabilización denominado Programa Inmediato de Reordenación Económica (PIRE) teniendo como propósito corregir las finanzas públicas y sentar las bases para una recuperación más sana en el mediano plazo.

Para lograr esos fines se realizaron los siguientes movimientos: 1) reducción del gasto público vía la eliminación de los programas no prioritarios; 2) se racionalizaron los subsidios; 3) se incrementaron los precios y tarifas del sector público; 4) se fijaron las tasas de interés a niveles que debían estimular el ahorro; 5) se fomentó el desarrollo del mercado de valores para vincular directamente a los ahorradores con el proceso de formación de capital; 6) se flexibilizó la política cambiaria, y en la franja fronteriza y zonas libres el tipo de cambio se fijaba de acuerdo con la oferta y la demanda, y 7) se liberalizó el comercio para propiciar una mayor integración del sector industrial y hacerlo más eficiente.

La aplicación del PIRE tradujo los déficit primario y operacional del gobierno en superávit. Así, el superávit primario aumentó en 11.4% del PIB y el superávit operacional creció en 5.2%, logrando que en 1985 el presupuesto corregido por la inflación estuviera equilibrado.[6] No obstante, la disminución del PIB y la caída del ingreso, impacto socioeconómico agudizado con el terremoto de 1985, fueron motivos suficientes para la firma y activación de otros planes de ajuste en 1987 y 1988.

---

[6] Aspe Armella, Pedro [1993], "Estabilización macroeconómica y cambio estructural. La experiencia de México (1982-1988)", en Bazdresch, Carlos *et al., México, auge, crisis y ajuste*, México, Fondo de Cultura Económica (Lecturas de El Trimestre Económico, núm. 73**).

El Pacto de Solidaridad Económica (PSE) y el Pacto de Estabilidad y Crecimiento (PECE) fueron los pilares de la política económica durante 1988-1994, estuvieron respaldados por la firma de los representantes de los sectores obrero, campesino, empresarial y por el presidente de la República en turno.

Los objetivos de ambos programas fueron: 1) profundizar la privatización de empresas públicas deficitarias y no estratégicas; 2) estabilidad de los salarios y precios de los bienes y servicios para disminuir la inflación; 3) eliminar subsidios, excepto a la agricultura, y 4) reducir el gasto programable a 1.4% del PIB.

Los resultados se concretaron en mayor estabilidad de precios de los servicios públicos, salarios y del tipo de cambio; en el retorno al país de 22 700 md, en cambios estructurales de las finanzas públicas y del comercio exterior, y en la reducción de las transferencias netas al exterior. Estas últimas habían alcanzado 10 mmd anuales entre 1982 y 1990, es decir cada año se había pagado 10% del total de deuda que aún se tenía en 1990 por 97 357 md (cuadro 4.2), en 1991 representaron 5% del PIB [Girón, 1995: 138].

En los años noventa (particularmente desde 1993) el país se convirtió en receptor de flujos de capital, el BM destinó a México 9 mmd y el Banco Interamericano de Desarrollo (BID) 3 mmd, pero el mayor volumen de capital provino de fuentes privadas. El mercado de valores recibió 28 972.8 md, se invirtieron en valores de renta variable de la siguiente manera: 20 280.9 md por medio de ADRs; 5 378.3 md por Libre Suscripción de Acciones; 2 603.9 md en el Fondo Neutro de Nacional Financiera, y el mercado de dinero (Cetes a corto plazo) recibió 19 919.9 md de inversión extranjera.

El resultado global del proyecto neoliberal en México fue una mejoría de las variables macroeconómicas, el PIB creció a tasas superiores a 3% y la deuda externa pública se renegoció en términos del mercado secundario bajo los lineamientos del Plan Brady.

La conversión de pasivos por capital o activos en América Latina mediante el mercado secundario de deuda externa fue inicialmente utilizada como alternativa de los acreedores para obtener liquidez de préstamos de alto riesgo. Algunos bancos vendieron los títulos y no participaron en los paquetes de renegociación por temor a perder sus activos, entonces optaron por el mercado secundario como una salida a sus problemas.

En los años noventa, con respaldo del Plan Brady, los países latinoamericanos sanearon gran parte de su deuda externa mediante mecanismos propios del mercado de valores. Las técnicas u operaciones de saneamiento de deuda externa (principal y servicio) fueron ofrecidas en diversas combinaciones o menú: 1) operaciones *buy-back,* consisten en la recompra de deuda con descuento por pago en efectivo; 2) bonos cupón cero es la operación de otorgar préstamos para comprar bonos de menor riesgo, "Bonos del Tesoro de Estados Unidos"; 3) pago de intereses colaterales, se efectúa por medio de préstamos colaterales;[7] 4) pagos del principal colaterales, se asume que se conceden préstamos para pago de intereses colaterales al mismo tiempo que la vieja deuda y la nueva se intercambian a la par; 5) intercambio de pasivos *debt-equity swap*;[8] 6) conversión de préstamos, es el simple intercambio de un préstamo por otro (inicialmente a su valor a la par y posteriormente con descuentos); 7) ventas en efectivo; 8) recompras de deuda, 9) conversiones de deuda o transformación de préstamos en capital o en deuda interbancaria, y 10) sustituciones de deuda transformando préstamos bancarios en otros tipos de obligaciones de deuda externa, pueden ser bonos.

---

[7] El país puede pedir préstamos y depositarlos en una cuenta condicionada a asegurar el pago de intereses, de tal manera que los fondos depositados de los acreedores por un plazo en la cuenta están garantizados.

[8] Esta operación consiste en que el título de crédito se intercambia al valor real de su precio en el mercado secundario de deuda y se da en su valor real al equivalente de la moneda nacional, o puede pasar a formar parte del capital contable de la empresa, o en una disminución de su pasivo.

PLAN BRADY

El sobreendeudamiento en América Latina durante la década de los años ochenta del siglo XX abrió un proceso de ajuste económico y renegociaciones simultáneas. En 1978 habían renegociado su deuda países como Perú, Jamaica, Nicaragua y Bolivia, pero como bien señala Girón [1995: 41], el problema se hizo evidente con la moratoria de México en 1982.

Argentina, Brasil y México fueron los detonadores, desataron en toda su amplitud la crisis de liquidez y marcaron varias etapas en su intento por solucionar la deuda externa mediante una estrategia para disminuirla y lograr un crecimiento económico.

La estrategia de solución de la deuda comprendió desde los "préstamos de salvamento"; la "carrera contra el tiempo" de las renegociaciones para posponer el pago y dar tiempo a los grandes bancos transnacionales para cubrir los créditos incobrables; el "ajuste estructural con crecimiento" o condicionalidad cruzada del FMI, el BM y el Plan Baker, que prometió a los 15 países con mayor endeudamiento préstamos por 20 mmd y creó un nuevo mecanismo denominado "lista de opciones del mercado" como vía para la transformación de la deuda en bonos (previo descuento), la implementación del Plan Brady y los canjes de deuda por *swaps*.

El Plan Brady es propuesto a finales de la década de los años ochenta una vez que el gobierno de México planteó que ningún deudor podía seguir pagando a sus acreedores a menos que creciera, y de que en esta misma dirección el gobierno de Venezuela implantó un severo plan de ajuste en 1989 bajo los lineamientos del FMI, el cual tuvo fuertes consecuencias en el orden social.

Ante esta situación, el Tesoro de Estados Unidos presentó el Plan Brady, instrumentado por primera vez en México a inicios de 1990, posteriormente en Chile, Costa Rica y Venezuela. En este último país la política neoliberal fracasó, en tanto Argentina y México renegociaron su deuda con el Club de París en 1989 y 1991 por un monto de 4 150 mmd la primera y 2 400 mmd el segundo.

El Plan Brady era una estrategia internacional de gestión de la deuda, incorporaba elementos propios de una solución de mercado porque la iniciativa estaba destinada a una gravitación directa y amplia de los recursos financieros e institucionales del sector público internacional en el mercado privado con la finalidad de aliviar el servicio de la deuda de los países más endeudados.

Los objetivos principales eran disminuir la transferencia de recursos al exterior mediante la disminución del principal y de los intereses y canalizar nuevos créditos para incentivar las economías nacionales [Girón, 1995: 110-112]. México, Argentina y Brasil fueron los grandes negociadores de deuda externa en el marco del Plan Brady, aunque otros países latinoamericanos como Chile (1990), Perú (1995) y Uruguay (1991) también se adhirieron a esta estrategia.

México en el año 1990 pactó un convenio por 48 mmd con los bancos acreedores y el resultado fue el siguiente: 1) 47% del total (22 560 md) obtuvo una rebaja de tasa de interés de 9.81% a 6.25% (reducción de 7 750 md por bonos a la par); 2) 41% del total (19 680 md) se canjeó por bonos con un descuento del 35% de su valor (este intercambio de deuda por bonos con descuento significó una disminución de 7 200 md), y 3) 12%, es decir 5 760 md correspondieron a nuevos préstamos[CEPAL, 1990: 112].

En este caso, la firma del Plan Brady y la renegociación de la deuda con el Club de París contribuyeron en la disminución del principal, los intereses, la entrada de nuevos flujos financieros y a la firma del TLCAN. Todos estos hechos influirían en la actividad económica del país durante las siguientes décadas.

En los años 1992-1993 Argentina reestructuró 21 mmd de deuda a mediano y largo plazos y 7 800 md que correspondían al pago de intereses. Esta reestructuración de deuda se realizó bajo las siguientes modalidades: a) canje por bonos con descuento de 35% de su valor, b) canje pagando la Tasa LIBOR + 13/16% por arriba de la LIBOR, o c) canje por bonos a 30 años pagando un interés fijo máximo de 6%. Este acuerdo representó una reducción inmediata de la deuda de 2 500 md más el ahorro en intereses;

adicionalmente el gobierno reestructuró otro tramo de deuda de la siguiente manera:

a) Canjeó con la banca comercial internacional 20 mmd de deuda pública a mediano y largo plazos por bonos a la par a 30 años.

b) Canjeó 7 mmd por bonos de descuento a 65% de su valor, otorgando intereses por arriba de la Tasa LIBOR + 13/16 por ciento.

c) 13 500 md se intercambiaron por bonos a la par al 4% de interés en el primer año y 6% en el sexto año.

d) Se realizaría un pago de 700 md en efectivo para limpiar 8 mmd de intereses atrasados y cubrir el resto de emisiones de bonos a tasas flotantes.

Brasil, en 1994, emitió bonos por un valor aproximado a los 43 mmd bajo el Plan Brady, esta acción contribuyó a restablecer su acceso a los mercados de capitales al mismo tiempo que trataba de frenar la elevada tasa de inflación y superar las recesiones económicas.

En 2006 el gobierno brasileño recompró todos los Bonos Brady que emitió en 1994, esta operación cubrió los 6 640 md correspondientes al valor nominal de los títulos.

CONCLUSIONES

Así como Alicia Girón [1995] se pregunta en su libro *Fin de siglo y deuda externa: Historia sin fin,* si el cambio estructural en las economías latinoamericanas y la renegociación de la deuda externa de los países deudores correspondía en cierta forma a una nueva articulación del sistema capitalista resultado de una nueva división internacional del trabajo, donde los circuitos financieros y la economía mundial buscaban una recomposición de los capitales transnacionales en los que sectores prioritarios de los países subdesarrollados desempeñaran un papel en el proceso de acumulación internacional diferente al establecido en la posguerra.

Ahora es prioritario cuestionarnos si Europa repite los mismos errores que América Latina, si las quitas a la deuda pública de Grecia y la aplicación generalizada de planes de estabilidad en los PIIGS, para tratar de reducir los déficit fiscales, permitirán a estos países retomar la senda del crecimiento sin enfrentar riesgos de insolvencia ni poner en duda tanto las alternativas de solución a la deuda como la permanencia de Grecia en la Unión Europea.

Los PIIGS están transitando por situaciones que América Latina vivió en la década pérdida de los años ochenta. El valor acumulado de la deuda pública exige la transferencia de riqueza a sus acreedores y genera un desfinanciamiento y un decrecimiento económico difícil de revertir en el corto plazo, y compromete el ajuste de la política económica pues provoca la desviación de recursos de la creación de infraestructura, servicios públicos, educación y salud por un lado, y del sector productivo por el otro.

De esta manera, los aspectos estructurales de las economías periféricas europeas se transforman como lo hicieran años atrás las naciones latinoamericanas, el desempleo y la deuda social se agravan y los índices de pobreza registran la depauperización de los sectores medios y la mendicidad de los antiguos pobres a grados anteriormente desconocidos en el continente europeo.

En este sentido, el índice de desarrollo humano (cuadro 4.5) muestra que entre 2009 y 2011 ha habido un estancamiento en las condiciones de vida de los habitantes de la periferia en la eurozona, estas economías no han elevado el nivel de bienes y el ingreso para cubrir necesidades básicas y complementarias.

Además, es importante destacar que la deuda soberana de los PIIGS se encuentra sumamente enlazada al sistema financiero europeo, por eso una eventual corrida bancaria alcanzaría dimensiones continentales, y la paridad de la moneda europea, euro, frente a otras monedas aceptadas en el comercio mundial o regional (dólar, yen, yuan) también será un factor determinante en la recomposición económica de los países periféricos en cuanto no tienen una moneda propia, sus gobiernos están imposibilitados para tomar decisiones sobre medidas monetarias soberanas tendientes a rehabilitar la acumulación de capital interna.

155

Cuadro 4.5. Índice de desarrollo humano

	1980	1990	2000	2005	2009	2010	2011
Grecia	0.72	0.77	0.80	0.86	0.86	0.86	0.86
Irlanda	0.74	0.78	0.87	0.90	0.91	0.91	0.91
Italia	0.72	0.76	0.83	0.86	0.87	0.87	0.87
Portugal	0.64	0.71	0.78	0.79	0.81	0.81	0.81
España	0.69	0.75	0.84	0.86	0.87	0.88	0.88

Fuente: PNUD [2011], Índice de Desarrollo Humano, reporte.

En los años sesenta y setenta del siglo pasado la necesidad de valorización de los excedentes obtenidos por las ventas de petróleo por medio del euromercado generó la internacionalización de los circuitos financieros y el endeudamiento de países latinoamericanos de mediano desarrollo como México, Brasil y Argentina.

Asimismo, en la década de los años ochenta, tras las renegociaciones de la deuda y la aplicación de planes de estabilización, se impulsó un proceso de globalización que modificó la participación del Estado en el sistema productivo, pues pasó de ser el rector de la economía a ser un Estado solidario, y condujo a algunos países hacia una fase de ajuste estructural para posibilitar su integración económica regional o la conformación de bloques económicos.

Por ello, la economía globalizada de las últimas tres décadas, cimentada en la recirculación bancaria transnacional del exceso de liquidez, alimentó y recrudeció la competitividad entre los grupos financieros en la disputa por el control y otorgamiento del crédito; esto ha dejado claro que la moneda o el dinero de hoy, el crédito internacional, aún en bloques económicos y monetarios no deja de representar relaciones sociales y luchas de poder.

En este entorno, la liberalización, la desregulación y la globalización han sido el motor de los cambios en el sector financiero, donde las empresas financieras han dejado de ser oferentes de créditos bancarios para dar paso a una mayor participación de los mercados de valores en la financiación.

Este predominio de las finanzas sobre la actividad productiva conocido como financiarización ha sido un factor fundamental en el desenvolvimiento de la crisis de deuda pública en los países periféricos de la eurozona.

Ahora los piigs se enfrentan a problemas similares a los que vivieron México en 1982 y Argentina en 2001, a crisis de insolvencia nutridas por las refinanciaciones de emergencia de la deuda para evitar el default. Los vencimientos se reciclan con créditos a tasas usureras (blindaje) y con desesperados intercambios de títulos para posponer los pagos (mega canje).

Los acreedores consideran inviables estas operaciones, por tanto la tasa de riesgo país se mantiene en niveles exorbitantes y las calificaciones de deuda se encuentran en niveles muy bajos. Al mismo tiempo los gobiernos, con el fin de mantener la capacidad de pago y reducir el déficit fiscal, aceptan aplicar planes de estabilidad económica que implican la privatización de bienes y empresas públicas; la eliminación de plazas laborales en el sector público, reducciones salariales, aumento de impuestos indirectos y reformas a la seguridad social (pensiones y jubilaciones).

Todas estas acciones no han sido suficientes para evitar la fuga de capitales y la socialización de la deuda, pero sí pueden contribuir a la limpieza de los balances de los acreedores y moderar la probabilidad de pérdidas por imposibilidad de cobro.

En México y América Latina (crisis de los años ochenta) los inversionistas financieros lograron cuantiosas ganancias durante el proceso de refinanciación de la deuda, aprovecharon las oportunidades financieras que les brindaron las dos iniciativas del gobierno de Estados Unidos para recomponer el camino del desenvolvimiento económico, mitigar el impacto de la deuda externa y el regreso de algunos países a colocar títulos en los mercados internacionales de capital.

Primero utilizaron el Plan Baker para aligerar la carga de los bancos comerciales más expuestos, luego utilizaron el Plan Brady para completar esa limpieza asociando los Fondos de Inversión a la gestación de un mercado secundario para los títulos con problemas. Así, los bancos comerciales externos restauraron sus ganancias computando en sus balances los bonos degradados a su valor original y traspasando los pagarés con mayor riesgo de impago a los tenedores marginales.

Esta misma estrategia de reestructuración se ha puesto en práctica en los PIIGS desde mayo de 2010, cuando se creó el Fondo de Estabilización que el Banco Central Europeo utiliza para recomprar los títulos morosos a los bancos con fuertes subsidios de las tasas de interés, y que en el primer trimestre de 2012 se ha ampliado y reforzado en el acuerdo de canje de deuda griega aceptado por los inversionistas privados, bancos en su mayoría.

El recorte de cartera de los bancos, quita de deuda, alcanzó 53% sobre el valor nominal de los bonos, es decir pérdidas cercanas a 75%. Según la Federación Europea de la Banca, las entidades bancarias llevaban algún tiempo, no suficiente, descontando esta depreciación.[9]

---

[9] Los bonos griegos en manos de los inversores privados valen un 21.5% de lo que valían, tras el acuerdo de reestructuración de la deuda del país. El pacto entre Grecia y los inversores por el cual estos aceptaron una quita o reducción de 53% del valor nominal de los bonos se traducirá, por tanto, en pérdidas reales de 78.5% para todos los bancos y fondos de inversión que poseen esos títulos de deuda helena. Porque la pérdida final no sólo contempla esa quita teórica de 53%, sino que calcula el valor real actual de los bonos recibidos en el canje teniendo en cuenta su plazo, tipo de interés y otros factores.

Esta pérdida final de 78.5% se deduce del resultado de la subasta de los seguros de impago (credit default swaps-CDS) que fijó el valor de los bonos griegos en 21.5%. Las aseguradoras deberán pagar, por tanto, 78.5 céntimos por cada dólar en bonos griegos que estaban en manos de los inversionistas asegurados, sobre todo fondos de alto riesgo (hedge funds), lo que sumará un pago de unos 2 500 md (1 887 me) en total por este acuerdo, según distintas valoraciones del mercado.

Los seguros de impago se activan porque los inversores que contaban con esta cobertura se negaron a asumir la quita de deuda de forma voluntaria y fueron forzados. El gobierno de Atenas logró pactar con la gran banca internacional una quita de 53% sobre toda la deuda helena en propiedad de inversores privados, que sumaba unos 206 mme, mediante un canje de bonos que sustituía los existentes por otros. El acuerdo con los acreedores alivia la deuda helena en 100 mme. Esta acción va ligada a la inyección de 130 mme en créditos por parte de los países de la eurozona y también del FMI, que contribuirá con 28 000 millones de euros.

En el caso del endeudamiento público de los PIIGS, la situación financiera actual de la banca transnacional europea (alemana, francesa, inglesa y española) y los inversionistas institucionales es mucho más grave que la presentada en América Latina en los años ochenta.

Esta problemática en que se encuentran los circuitos financieros e inversionistas en Europa se debe a la insolvencia de empresas, peligro no disipado por las "pruebas de resistencia" realizadas para simular situaciones de quebranto; explosividad de la deuda de los países periféricos europeos por la magnitud de los desbalances fiscales (con todo y que España e Italia impulsan medidas de consolidación fiscal), pero sobre todo porque los bancos no han podido traspasar a terceros sus créditos y garantías.

Tales condiciones han llevado al Parlamento Europeo a prohibir las transacciones al descubierto de los seguros de impago vinculados a la deuda soberana –los llamados *credit default swaps* (CDS)–,[10] y endureció las normas para las ventas en cor-

---

La gran mayoría de los acreedores privados aceptaron las pérdidas, pero inversores con títulos de deuda por valor de 25 mme los rechazaron y fueron obligados. Grecia los forzó con la activación de unas cláusulas de acción colectiva, éstas implican que, si los propietarios de al menos dos tercios de la deuda sujeta al acuerdo aceptan la quita, el resto se ve forzado.

La Asociación Internacional de Permutas y Derivados, organización formada por centenares de grupos financieros que fija las reglas de juego en estos derivados, determinó que ha habido un "evento de crédito" o impago de hecho en Grecia, una vez se activaron los CAC, lo cual ha llevado al cobro de los CDS.

Disponible en <http://economia.elpais.com/economia/2012/03/19/actualidad/1332172593_453126.html>, consulta realizada el 19 de marzo de 2012.

[10] Recientemente el Parlamento Europeo (octubre de 2011) prohibió las operaciones al descubierto de CDS, antes no existía en la UE norma regulatoria. Los CDS son derivados que cubren el riesgo de una suspensión de pago de un país o de una compañía, se los relaciona directamente con el estallido de la crisis financiera mundial en septiembre de 2008. Dentro de las operaciones con CDS las más arriesgadas son las hechas "al descubierto", es decir, sin que los inversionistas tengan los bonos correspondientes, por eso se benefician de la cobertura sin estar expuestos realmente al riesgo de un impago. Precisamente estos intercambios los prohíbe la nueva normativa europea, aunque con ciertas excepciones porque la Autoridad Europea de los Mercados de Valores puede autorizarlos con un plazo previo de 24 horas a su realización. Entre las justificaciones

to[11] de acciones y bonos. Además, de acuerdo con Toporowski [2012], la crisis latinoamericana de los años ochenta también se debió a una reducción del déficit comercial de Estados Unidos asociada a un aumento del valor del dólar en los mercados de cambios extranjeros, esto es, se presentó un caso de *credit-neo mercantilism,* que ocurre cuando los déficit comerciales no se ajustan a los pagos de deuda externa y ocasionan desbalances en el servicio de la deuda internacional, la contraparte del crédito internacional o dinero internacional ahora.

En esta dirección, según Toporowski existe un paralelismo entre la crisis de América Latina en los años ochenta y la crisis en la Unión Monetaria, la cual puede ser considerada como un caso actual de *credit neo-mercantilism* que ocurre en circunstancias complejas de la unión monetaria, en cuanto la integración financiera[12] ha inflado las hojas de balance de la banca con el cruce transfronterizo de activos y obligaciones [Toporowki, 2012: 9-10].

Por las razones anteriormente expuestas, por el alto grado de endeudamiento de los países del primer mundo (Francia 81%

---

para ello figuran las situaciones en las que el mercado de deuda soberana "no funciona adecuadamente" y cuando la prohibición pueda tener un impacto negativo en los CDS soberanos. También puede argumentarse para su autorización que sube o que ya está demasiado alto el interés sobre la deuda soberana, o bien que la restricción afecta a la cantidad de bonos que pueden ser negociados.

[11] Ventas en corto: se caracterizan porque los inversionistas venden acciones con la expectativa de que baje su valor para comprarlas luego a menor precio y ganar la diferencia. Para poder vender en corto, tanto en el caso de acciones como de deuda soberana, un inversionista debe tener prestado el instrumento financiero afectado, haber entrado en un acuerdo para prestarlo o tener un pacto con una tercera parte en virtud del cual ésa confirme que la acción está localizada y ha tomado medidas para que el inversor pueda tener "expectativas razonables" de que se ejecutará el acuerdo.

En el caso de los bonos soberanos europeos, hay un régimen específico para las notificaciones a los reguladores, y ésas se harán sólo si existen posiciones netas importantes en bonos soberanos de la Unión Europea.

[12] El proceso de integración financiera plateado en el Tratado de Maastricht se confirmó y fue acelerado por el Special European Council of European (Lisboa, 2000) con el acuerdo sobre establecer un mercado de capitales común y un mercado común de servicios financieros, el Financial Services Action Plan (1999), y el Lamfulussy Report (2001), que homologó la regulación financiera en la Unión Monetaria Europea y promovió el desarrollo de un mercado común europeo de capitales.

del PIB, Alemania 80%, Japón 220% y Estados Unidos 91% del PIB) que impiden gestionar con facilidad la deuda de los PIIGS –muestra de que la deuda se ha convertido en una bomba de tiempo para las economías desarrolladas–, y por la presión del G20, que condicionó aumentar los recursos del FMI para ayudar a la eurozona; la Unión Europea se vio precisada a reforzar el fondo de rescate para países endeudados (condicionado a más ajustes a la política económica) de 500 mil millones de euros (mme) a 700 mme y una reserva adicional de 240 mme disponibles para casos de emergencia (vigente hasta mediados de 2013).

No obstante, la aplicación de este Plan Brady a la griega o europea no es más que la instrumentación de políticas deflacionarias, frecuentemente contrapuestas a la continuidad de las refinanciaciones. Se convoca a sostener al deudor con nuevas emisiones de bonos en la expectativa de aligerar la carga futura de la deuda y aunque aparentan mayor consideración hacia los deudores, estas iniciativas avalan las mismas exigencias de privatización, recorte de gastos sociales y modificación de las jubilaciones.

Lejos de reducir la opresión financiera, estos programas eternizan el tributo del país deudor a los bancos, por tanto es equivocado suponer que esa refinanciación será más digerible si se aplica junto con medidas de regulación financiera, control de la especulación o eliminación de los paraísos fiscales.

Grecia tampoco logrará un respiro por la simple reducción de las tasas de interés si persisten los pagos a los acreedores. Su deuda es tan exorbitante que ni siquiera con un crecimiento continuado anual durante 20 años similar al que ha tenido China en los últimos años (12.5%) lograría disminuir su pasivo a los parámetros iniciales de la Unión Europea.[13] Por consiguiente, todo parece indicar que como en los casos de endeudamiento de

---

[13] Las condiciones económicas de Grecia antes y durante su permanencia en la Comunidad Económica Europea nos llevan a realizar esta afirmación [Véase Ossa, 1994; 2007].

países latinoamericanos, sólo se está postergando la declaración final de insolvencia.

Bibliografía

Aspe Armella, Pedro [1993], "Estabilización macroeconómica y cambio estructural. La experiencia de México (1982-1988)", en Carlos Bazdresch *et al.*, *México, auge, crisis y ajuste*, México, Fondo de Cultura Económica (Lecturas de El Trimestre Económico, núm. 73**).

BID [1990], Informe Anual, Washington, BID.

_____ [1992], Progreso económico y social en América Latina, Informe, Washington, BID.

Cardoso, Eliana y Helwege [1993], *La economía latinoamericana: diversidad, tendencias y conflictos*, México, Fondo de Cultura Económica.

CEPAL [1992], *Balance Preliminar de la Economías de América Latina y El Caribe*, Santiago de Chile, CEPAL.

El País [2012], "La quita de deuda griega supone pérdidas finales del 78.5% para los inversores, disponible en <http://econo-mia.elpais.com/economia/2012/03/19/actualidad/1332172593_453126.html>, consulta realizada el 19 de marzo de 2012.

Ffrench-Davis, Ricardo [2005], *Reformas para América Latina, después del fundamentalismo neoliberal*, Buenos Aires, Siglo XXI.

Girón, Alicia [1991], "Cincuenta años de deuda externa", en *La estructura económica y social de México*, México, IIEC-UNAM, agosto.

_____ [1995], *Fin de siglo y deuda externa: Historia sin fin. Argentina, Brasil y México,* México, IIEC-UNAM-Editorial Cambio XXI.

FMI (1989), Balance of Payment Yearbook, Washington, IMF.

Magdoff, Harry y Paul Sweezy [1990], *Estancamiento y explosión financiera en Estados Unidos*, México, Siglo XXI.

Minsky, Hyman P. [1986], "Banking in a Capitalist Economy", en *Stabalizing and Unstable Economy, A Twentieth Century Fund Report*, New Haven y Londres, Yale University Press.

Ossa, Fernando [1994] "Aspectos monetarios de la integración: Consideraciones teóricas y las experiencias de la CEE", en *Estudios de Economía*, 21(2), diciembre.

———— [2007], "La experiencia de los primeros años del euro", Documento de trabajo núm. 319, Pontificia Universidad Católica de Chile, disponible en <http://www.economia.puc.cl/docs/dt_319.pdf>.

PNUD [2011], Índice de Desarrollo Humano, disponible en <http://hdr.undp.org/en/>, consulta realizada el 20 de marzo de 2012.

Stallings, Bárbara [1990], *Banquero para el Tercer Mundo. Inversiones de cartera de Estados Unidos en América Latina, 1900-1986*, México, Alianza Editorial-Conaculta.

Toporowski, Jan [2012], International Credit, Financial Integration, and the Euro, Eurozone Crisis cje.pdf.

Wolf, Martin [2011], "Greek exit need not be a disaster", en *Financial Times*, 20 de abril.

ANEXO ESTADÍSTICO

Cuadro A.1. Producto interno bruto.
Países seleccionados de la Unión Europea
(Variación porcentual anual)

	Grecia	Irlanda	Italia	Portugal	España	PIIGS
1990	0.0	7.7	2.1	7.9	3.8	4.3
1991	3.1	1.6	1.5	3.4	2.5	2.4
1992	0.7	3.6	0.8	3.1	0.9	1.8
1993	-1.6	2.3	-0.9	-0.7	-1.3	-0.4
1994	2.0	5.9	2.2	1.5	2.3	2.8
1995	2.1	8.9	2.8	2.3	4.1	4.0
1996	2.4	7.6	1.1	3.6	2.4	3.4
1997	3.6	10.9	1.9	4.4	3.9	4.9
1998	3.4	7.8	1.4	5.1	4.5	4.4
1999	3.4	9.9	1.5	4.1	4.7	4.7
2000	4.5	9.3	3.7	3.9	5.1	5.3
2001	4.2	4.8	1.8	2.0	3.6	3.3
2002	3.4	5.9	0.5	0.7	2.7	2.6
2003	5.9	4.2	0.0	-0.9	3.1	2.5
2004	4.4	4.5	1.5	1.6	3.3	3.0
2005	2.3	5.3	0.7	0.8	3.6	2.5
2006	5.2	5.3	2.0	1.4	4.0	3.6
2007	4.3	5.2	1.5	2.4	3.6	3.4
2008	1.0	-3.0	-1.3	0.0	0.9	-0.5
2009	-2.3	-7.0	-5.2	-2.5	-3.7	-4.2
2010	-4.4	-0.4	1.3	1.3	-0.1	-0.5
2011*	-5.0	0.4	0.6	-2.2	0.8	-1.1

* 2011 son estimaciones realizadas por el FMI.
Fuente: FMI, *World Economic Outlook Database.*

Cuadro A.2. Gobierno general. Déficit/superávit
(Porcentaje del PIB)

	Unión Europea (27 países)	Euro área (17 países)	PIIGS	Irlanda	Grecia	España	Italia	Portugal
2000	0.6	-0.1	-0.72	4.7	-3.7	-0.9	-0.8	-2.9
2001	-1.5	-1.9	-2.3	0.9	-4.5	-0.5	-3.1	-4.3
2002	-2.6	-2.6	-2.28	-0.4	-4.8	-0.2	-3.1	-2.9
2003	-3.2	-3.1	-2.42	0.4	-5.6	-0.3	-3.6	-3
2004	-2.9	-2.9	-2.62	1.4	-7.5	-0.1	-3.5	-3.4
2005	-2.4	-2.5	-2.5	1.7	-5.2	1.3	-4.4	-5.9
2006	-1.5	-1.3	-1.58	2.9	-5.7	2.4	-3.4	-4.1
2007	-0.9	-0.7	-1.84	0.1	-6.5	1.9	-1.6	-3.1
2008	-2.4	-2.1	-5.58	-7.3	-9.8	-4.5	-2.7	-3.6
2009	-6.9	-6.4	-11.34	-14.2	-15.8	-11.2	-5.4	-10.1
2010	-6.6	-6.2	-13.12	-31.3	-10.6	-9.3	-4.6	-9.8

Fuente: Eurostat, <http://epp.eurostat.ec.europa.eu/>.

Cuadro A.3. Deuda consolidada del gobierno
(Porcentaje del PIB)

	Unión Europea (27 países)	Zona Euro (17 países)	PIIGS	Irlanda	Grecia	España	Italia	Portugal
2000	61.9	69.2	71.5	37.5	103.4	59.4	108.5	48.5
2001	61.0	68.1	70.8	35.2	103.7	55.6	108.2	51.2
2002	60.4	67.9	69.0	31.9	101.7	52.6	105.1	53.8
2003	61.9	69.1	67.3	30.7	97.4	48.8	103.9	55.9
2004	62.3	69.5	67.1	29.4	98.6	46.3	103.4	57.6
2005	62.8	70.1	67.7	27.2	100.0	43.1	105.4	62.8
2006	61.5	68.5	68.1	24.7	106.1	39.6	106.1	63.9
2007	59.0	66.3	68.0	24.8	107.4	36.2	103.1	68.3
2008	62.5	70.1	74.9	44.2	113.0	40.1	105.8	71.6
2009	74.7	79.8	89.4	65.2	129.3	53.8	115.5	83.0
2010	80.1	85.3	102.0	92.5	144.9	61.0	118.4	93.3

Fuente: Eurostat, <http://epp.eurostat.ec.europa.eu/>.

Cuadro A.4. Deuda pública de Grecia por países acreedores 2011 (Millones de euros)

País	Total (euros)	Porcentaje
Alemania	16 605	50.71
España	383	1.17
Estados Unidos	1 067	3.26
Francia	10 610	32.40
Italia	1 663	5.08
Reino Unido	2 417	7.38
Total	32 745	100.00

Fuente: BIS, <http://www.bis.org/statistics/index.htm>.

Cuadro A.5. Deuda pública de Portugal por países acreedores 2011 (Millones de euros)

País	Monto total (euros)	Porcentaje
Alemania	5 551	27.61
España	5 994	29.81
Estados Unidos	782	3.89
Francia	5 826	28.97
Italia	433	2.15
Reino Unido	1 522	7.57
Total	20 108	100.00

Fuente: BIS, <http://www.bis.org/statistics/index.htm>.

Cuadro A.6. Deuda pública de Irlanda por países acreedores 2011 (Millones de euros)

País	Total (euros)	Porcentaje
Alemania	2 215	21.31
España	72	0.69
Estados Unidos	1 551	14.92
Francia	2 842	27.35
Italia	490	4.72
Reino Unido	3 222	31.00
Total	10 392	100.00

Fuente: BIS, <http://www.bis.org/statistics/index.htm>.

Cuadro A.7. Inflación. Países seleccionados de la Unión Europea
(Promedio anual)

	Grecia	Irlanda	Italia	Portugal	España	Francia	Alemania
1990	26.5	3.4	6.1	13.4	6.7	3.4	2.7
1991	19.5	3.1	6.2	11.4	5.9	3.2	3.5
1992	15.9	3.2	5.0	8.9	7.1	2.4	5.0
1993	14.4	1.4	4.5	5.9	4.6	2.1	4.5
1994	10.9	2.4	4.2	5.0	4.7	1.7	2.7
1995	8.9	2.5	5.4	4.0	4.7	1.8	1.7
1996	7.9	2.2	4.0	2.9	3.6	2.1	1.2
1997	5.4	1.3	1.9	1.9	1.9	1.3	1.5
1998	4.5	2.1	2.0	2.2	1.8	0.7	0.6
1999	2.2	2.5	1.7	2.2	2.2	0.6	0.6
2000	2.9	5.3	2.6	2.8	3.5	1.8	1.4
2001	3.7	4.0	2.3	4.4	2.8	1.8	1.9
2002	3.9	4.7	2.6	3.7	3.6	1.9	1.4
2003	3.4	4.0	2.8	3.3	3.1	2.2	1.0
2004	3.0	2.3	2.3	2.5	3.1	2.3	1.8

2005	3.5	2.2	2.2	2.1	3.4	1.9	1.9
2006	3.3	2.7	2.2	3.0	3.6	1.9	1.8
2007	3.0	2.9	2.0	2.4	2.8	1.6	2.3
2008	4.2	3.1	3.5	2.7	4.1	3.2	2.8
2009	1.4	-1.7	0.8	-0.9	-0.2	0.1	0.2
2010	4.7	-1.6	1.6	1.4	2.0	1.7	1.2
2011*	2.9	1.1	2.6	3.4	2.9	2.1	2.2

* Estimaciones realizadas por el FMI.
Fuente: FMI, *World Economic Database.*

Cuadro A.8. Mercado de renta fija privada de España, 2000-2011*
(Millones de euros)

Año	Pagarés	Bonos y obligaciones	Cédulas	Bonos de titulización obligaciones	Participaciones preferentes	Total
2000	46.51	11.49	2.28	38.79	0.93	100
2001	69.16	10.74	1.68	17.38	1.04	100
2002	77.32	7.13	2.14	12.57	0.84	100
2003	68.79	6.53	9.88	13.90	0.91	100
2004	50.56	9.75	15.69	23.27	0.73	100
2005	46.36	10.24	14.80	28.14	0.46	100
2006	53.50	9.49	15.69	20.81	0.52	100
2007	50.05	8.01	13.55	27.98	0.41	100
2008	24.03	3.31	35.15	37.35	0.17	100
2009	14.32	8.35	38.60	38.58	0.15	100
2010	10.48	23.44	27.65	38.32	0.12	100
2011	4.14	7.85	36.90	51.01	0.11	100
2012*	7.28	5.00	57.97	28.72	1.02	100

* Cifras acumuladas a marzo de 2012.

AIAF: Asociación de Intermediarios de Activos Financieros.

Fuente: Bolsas y Mercados Españoles [2011]. Elaboración propia.

Cuadro A.9. Entidades financieras españolas con más deuda soberana ibérica 2011
(Millones de euros)

Entidad financiera	Deuda española en poder de entidades de crédito y depósito (millones de euros)	Porcentaje de deuda soberana en su poder
Banco Santander	41 807.0	17
BBVA	53 452.0	22
La Caixa	34 332.0	14
Caja España	7 557.0	3
Caja de Ahorro Mediterráneo CAM	5 587.0	2
Otros bancos españoles	14 370.0	6
Otras cajas de ahorro	58 495.0	24
Otras instituciones financieras	25 278.0	10
TOTAL	240 878.0	100

Fuente: Jiménez y De Barrón [2011: 19]. Elaboración propia.

Europa, deudas soberanas y financiarización es una obra del Instituto de Investigaciones Económicas de la Universidad Nacional Autónoma de México. Se terminó de imprimir el 21 de enero de 2013. Se tiraron 500 ejemplares en impresión offset en los talleres de Grupo Gráfico Salinas, Marcelino Dávalos 12, local 1, col. Algarín, 06880, Cuauhtémoc, México, D. F. La formación tipográfica estuvo a cargo de José Dolores López Sánchez; se utilizaron fuentes Simoncini Garamond Std, ITC Berkeley Oldstyle Std, Verdana de 11:13, 12:14.3, 13:14.3, 10:12, 9:11 y 8:10 puntos sobre papel cultural de 75 g. y los forros en cartulina couché de 250 g. El cuidado de la edición estuvo a cargo de Hélida De Sales Y.

www.ingramcontent.com/pod-product-compliance
Lightning Source LLC
Chambersburg PA
CBHW051507170526
45166CB00001B/422